U0441780

ВЛАДИВОС
hotel VLADIVOS

刘方棫

刘方棫教授与同事、同学、学生在一起

学专家服务中心

士论文答

釣魚臺

合力迎新年　天天创佳绩 2014.2.27

2007 3 21

北京大学经济学院硕士学位
论文答辩

温布尔大学工商管理博士(DBA)学位班
李庆善
陈德华
刘方棫

论文答辩

论文答辩

制造厂

论文

刘方棫教授与家人在一起

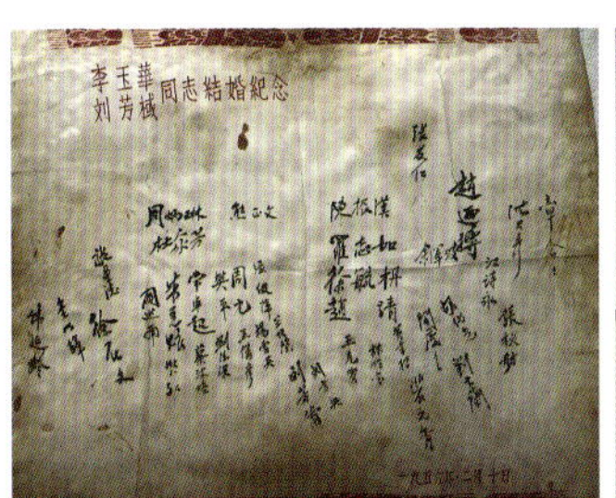

刘方械教授的著作、证书、聘书等

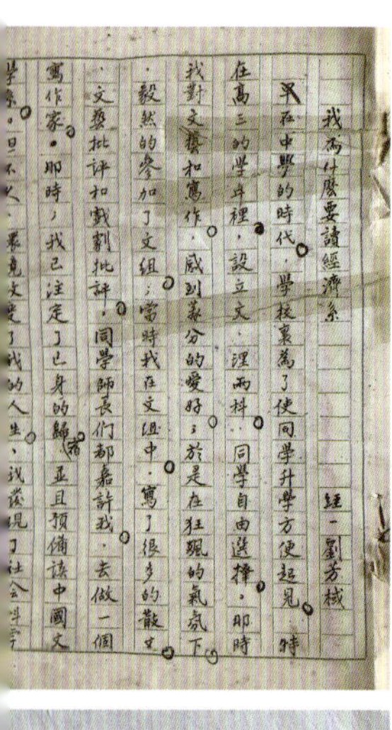

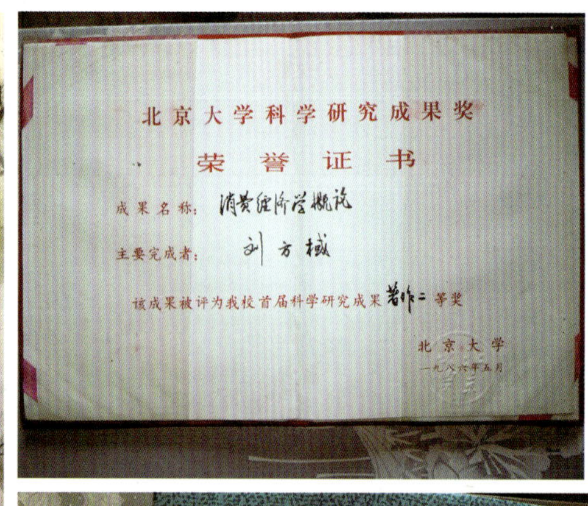
北京大学科学研究成果奖

荣誉证书

成果名称：消费经济学概论

主要完成者：刘方械

该成果被评为我校首届科学研究成果著作二等奖

北京大学

一九八六年五月

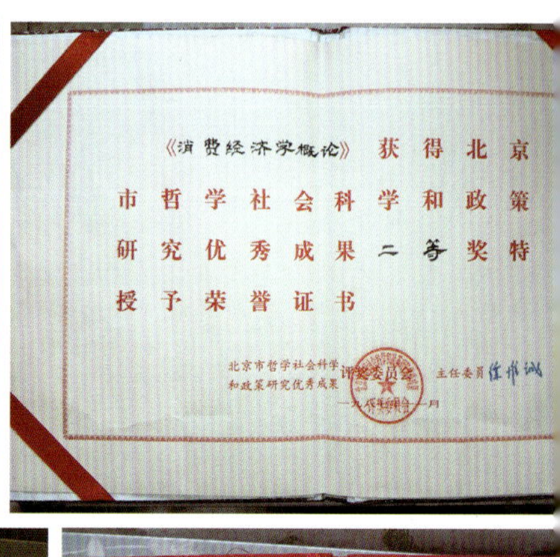
《消费经济学概论》获得北京市哲学社会科学和政策研究优秀成果二等奖特授予荣誉证书

北京市哲学社会科学和政策研究优秀成果评奖委员会

主任委员 张彤诚

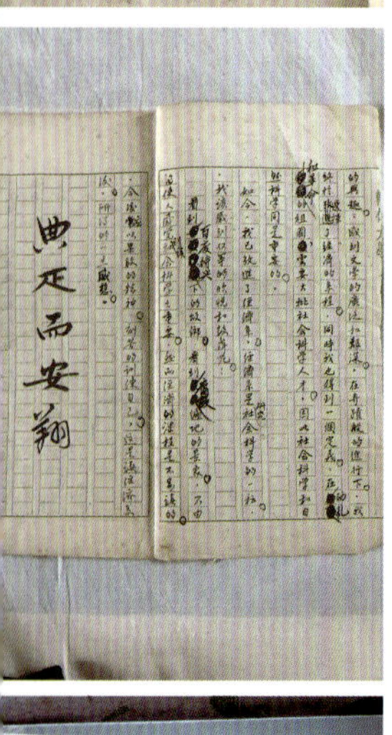

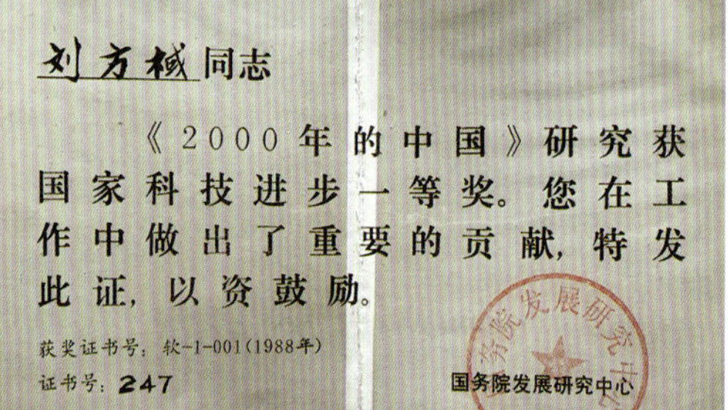
刘方械同志

《2000年的中国》研究获国家科技进步一等奖。您在工作中做出了重要的贡献，特发此证，以资鼓励。

获奖证书号：软-1-001(1988年)

证书号：247

国务院发展研究中心

一九八九年十二月

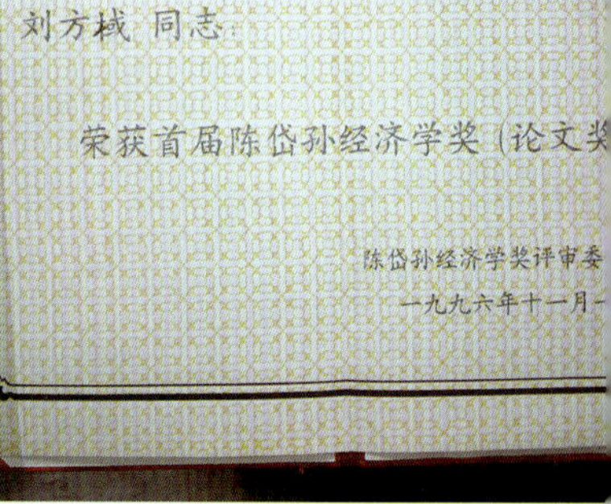
证书

刘方械 同志：

荣获首届陈岱孙经济学奖（论文奖

陈岱孙经济学奖评审委

一九九六年十一月

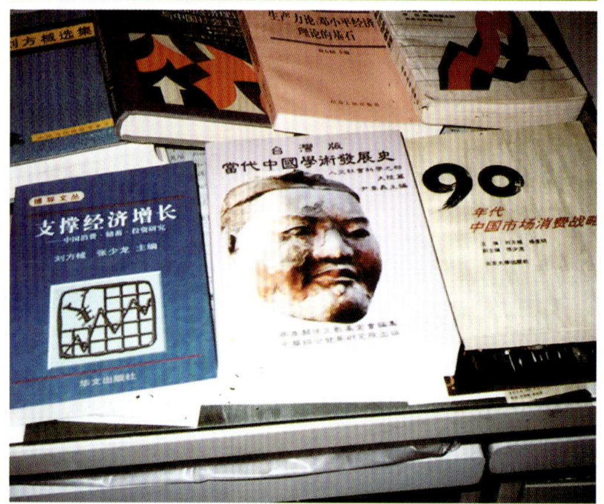

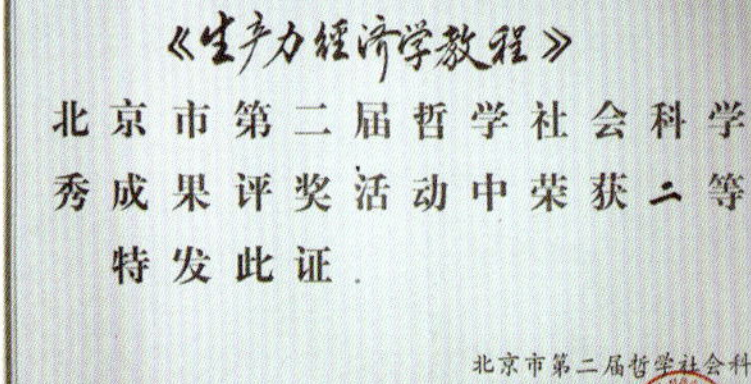
《生产力经济学教程》

北京市第二届哲学社会科学优秀成果评奖活动中荣获二等奖特发此证

北京市第二届哲学社会科学优秀成果评奖委员会

1994年12月

理事证书

同志当选为中国生产力学会第十届理事会理事，特颁此证。

中国生产力学会

1998年10月23日

编号：101003

荣譽證書

刘方械、李悦、聂德林同志主编的《生产力经济学教程》获北京大学第三届优秀教材奖，特颁此证。

北京大学

一九九三年十二月十五日

编号：9237

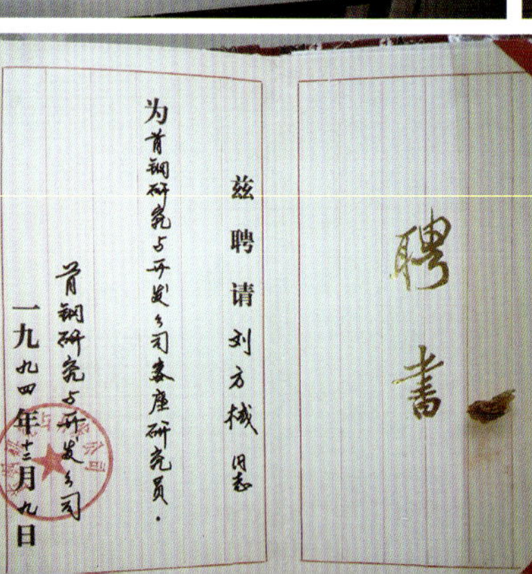
聘書

兹聘请刘方械同志为首钢研究与开发公司特座研究员。

首钢研究与开发公司

一九九四年十二月九日

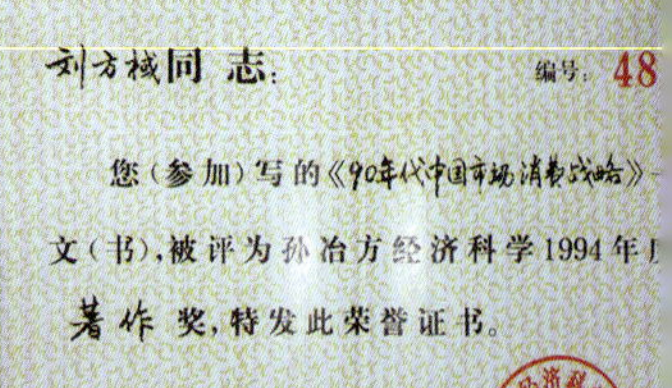
刘方械同志：

编号：48

您（参加）写的《90年代中国市场消费战略》文（书），被评为孙冶方经济科学1994年度著作奖，特发此荣誉证书。

孙冶方经济科学基金会

一九九五年十月

刘方棫学术思想评传

刘社建◎著

北京大学出版社
PEKING UNIVERSITY PRESS

图书在版编目(CIP)数据

刘方棫学术思想评传/刘社建著.—北京:北京大学出版社,2021.4
ISBN 978-7-301-32061-7

Ⅰ.①刘…　Ⅱ.①刘…　Ⅲ.①刘方棫—评传　Ⅳ.①K825.31

中国版本图书馆CIP数据核字(2021)第049680号

书　　名	刘方棫学术思想评传 LIU FANGYU XUESHU SIXIANG PINGZHUAN
著作责任者	刘社建　著
责任编辑	兰　慧
标准书号	ISBN 978-7-301-32061-7
出版发行	北京大学出版社
地　　址	北京市海淀区成府路205号　100871
网　　址	http://www.pup.cn
微信公众号	北京大学经管书苑(pupembook)
电子信箱	em@pup.cn
电　　话	邮购部010-62752015　发行部010-62750672 编辑部010-62752926
印 刷 者	北京市科星印刷有限责任公司
经 销 者	新华书店 730毫米×980毫米　16开本　12印张　151千字 2021年4月第1版　2021年4月第1次印刷
定　　价	48.00元

未经许可，不得以任何方式复制或抄袭本书之部分或全部内容。

版权所有，侵权必究

举报电话：010-62752024　电子信箱：fd@pup.pku.edu.cn

图书如有印装质量问题，请与出版部联系，电话：010-62756370

序

《刘方棫学术思想评传》即将出版，可喜可贺。刘方棫教授自1952年秋北京大学经济学系本科毕业留校任教以来，至今将近七十年。正值刘方棫教授九十大寿之际，《刘方棫学术思想评传》的出版具有特殊意义。

作为与新中国共同成长的经济学家，刘方棫教授在北京大学经济学系学习期间受到了严格的经济学训练，在中国人民大学政治经济学研究生班学习时进一步奠定了坚实的马克思主义经济学基础。在具备扎实深厚经济学理论功底的基础上，又特别注意调查研究。在读本科期间，他作为土改队员在广西柳州参加了为期十个月的土地改革运动。“文化大革命”后期，他又被国家计委借调，从事工资理论的研究。正是在坚实经济功底和认真调查研究的基础上，刘方棫教授才能完成众多的经济学理论与实践研究，进而开创消费经济学与生产力经济学两门学科。

刘方棫教授的研究领域大致可划分为三部分，即社会主义经济理论与实践、消费经济学和生产力经济学。社会主义计划经济体制下过于强调生产而压低消费，导致消费水平过低，使公众难以有效地享受经济发展成果，也难以提升劳动生产率与激发人们的生产积极性。在社会主义经济发展过程中，必须强调重视发挥消费的作用，努力发挥消费对生产的反作用，有效实现生产与消费的相互促进。正是对消费在社会主义经济发展过程中的重视，刘方棫教授完成并出版《消费经济学概论》，这也是第一部国内作者独立完成的消费经济学著作。正是在该著作以及有关消费经济研究的过程中，刘方棫教授开创了消费经济学这门学科。

在此基础上，刘方棫教授在北京大学开设“生产力经济学”课程，又开创了生产力经济学学科，主编出版了《生产力经济学教程》。我作为作者之一，参与撰写了该书的三章。

作为经济学家，开创消费经济学与生产力经济学两门学科，实在值得大书特书。但刘方棫教授极为谦虚，总是说自己最多算是这两门学科的开创者之一。而实际上，刘方棫教授在北京大学这一学术重镇，以其精湛的学术修为与强大的号召力，对开创这两门学科实在是发挥了不可或缺的关键作用。在教学与研究的同时，刘方棫教授也获得了诸多奖项，比如，他作为主编之一的《90年代中国市场消费战略》荣获孙冶方经济科学著作奖。

刘方棫教授自1952年北京大学经济学系毕业留校任教，至1999年正式退休，在杏坛耕耘近五十年。退休后他仍然笔耕不辍，紧紧结合时代需求与最新理论发展，发表了大量文章与论著，也承担了许多博士研究生的论文指导工作。

由刘方棫教授的弟子刘社建撰写的《刘方棫学术思想评传》，正是在总结梳理刘方棫教授撰写发表的论文与专著的基础上，总体按社会主义经济理论与实践、消费经济学和生产力经济学三大版块，以叙为主，叙议结合，概括了刘方棫教授的主要学术思想，对于其学术贡献尤其是对开创消费经济学与生产力经济学两门学科，予以了充分的肯定与恰如其分的评价。

刘方棫教授桃李满天下，为人极为谦和，提携后进不遗余力。

正如《刘方棫学术思想评传》所评价的，刘方棫教授实无愧谦谦君子、一代宗师。

我与刘方棫教授相识较早。1978 年春我作为 1977 级大学生到北京大学经济学系读书时，就认识了刘方棫教授，他为我们本科生讲授“政治经济学”课程。我攻读硕士研究生时，刘方棫教授是我的指导导师之一。我留校工作后，在教学科研上与刘方棫教授交往很多。尤其值得一提的是，刘方棫教授担任《经济科学》主编时，我是副主编，我们一起为编好《经济科学》付出了大量的心血。刘方棫教授作为资深教师，特别支持我的工作，我在和他学习和交往的过程中也受益匪浅。

《刘方棫学术思想评传》是一份珍贵的生日献礼。借此机会，我衷心祝愿刘方棫教授健康长寿。

是为序。

刘伟

中国人民大学校长

2021 年 1 月 8 日

目　录 CONTENTS

第一章 CHAPTER 1

刘方棫教授学术思想概要

刘方棫教授，著名经济学家，北京大学经济学院教授、博士生导师，消费经济学和生产力经济学的主要倡导者与创始人之一。主要研究方向为社会主义经济理论与实践、消费经济学和生产力经济学，在这些研究领域均获得了卓越的研究成果，先后荣获国家教育部门、社会科学界及北京大学的多个奖项。刘方棫教授为人谦和，桃李满天下，无愧谦谦君子、一代宗师。

第一节　刘方棫教授简介

刘方棫祖籍山东蓬莱，1931 年 2 月出生于北京市一个知识分子家庭。刘方棫的父母都是山东省蓬莱县（现烟台市蓬莱区）人，父亲毕业于朝阳大学，是一名职业律师，兼朝阳大学讲师。在严父慈母的呵护下，除了刘方棫还年幼，六个兄姊都读了大学。

刘方棫 15 岁那年，父亲由于积劳成疾过早离开人世。父亲去世后，家庭陷于清贫，刘方棫面临失学危险。为了不给家人增加经济负担，也为了读一个更好的学校，刘方棫从原来学费较高的私立崇实中学，考入享誉京城的北平市立第四中学（北平四中）读高中。高三时，刘方棫选择了以后能读大学文科的分班，重点加强了文科课程的学习。中学时期，刘方棫学习成绩优异，这也为他日后考入北京大学奠定了基础。

1948 年秋，刘方棫从北平四中毕业后，考入北平辅仁大学经济系。刘方棫报考辅仁大学是因为哥哥和姐姐都毕业于该学校。但辅仁大学学费较高，导致家庭经济压力较大，刘方棫萌生了转学的想法。

1949 年，北平和平解放，恰好国立北京大学招收二年级的转学生。刘方棫凭辅仁大学一年级的优秀肄业成绩和扎实的知识功底，顺利考入北京大学经济系，成为二年级的插班生。

1949 年 10 月 1 日，中华人民共和国举行开国大典。刘方棫作为北京大学学生代表，参加了天安门庆祝游行。

刘方棫读大学四年级时，全国开展了轰轰烈烈的土地改革运动。党中央和教育部号召大学生走出课堂，积极投身于这一改革实践。刘方棫积极报名参加，被派到广西柳州，成为专署的土改队员。在近十个月的土改工作中，刘方棫访贫问苦、扎根串联、发动群众、清匪反霸，经受了激烈的阶级斗争的教育和洗礼，荣获广西土改委员会颁发的"土改模范""甲等功臣"等奖章。这一极为难得的经历，也为刘方棫日后从事理论研究时极为强调实地调查研究，以及在理论研究中所体现出的深厚家国情怀，打下了坚实的基础。

毕业前夕，刘方棫加入中国共产党。1952 年秋，经中央人事部分配，刘方棫回北京大学留校任教。同年冬天，北京高校院系调整，北京大学与燕京大学合并，刘方棫担任政治课助教。

1952 年冬，教育部在中国人民大学开设马克思主义政治经济学研究生班，聘请了多位苏联专家讲学，并在全国各高校选招优秀青年教师参加学习。刘方棫与几位同事被北京大学党委选派参加学习。1954 年秋，刘方棫以优异的成绩结业回校。北京大学校长马寅初先生在自己家接见这批研究生，并设火锅宴欢迎他们学成归来。

1956 年，刘方棫被提升为经济系讲师，主讲经济系和文科系的政治经济学课程。1958 年，学校为加强政治课教学，将刘方棫调入政治课大教研室工作。

20 世纪 60 年代，“社会主义教育运动”开始，刘方棫又被调回经济系任教，一直到“文化大革命”后期。1970 年，北京大学招收第一届工农兵学员。刘方棫开始从事工农兵学员的教学工作，与学员们一起“摸、爬、滚、打”。

1973—1974 年，刘方棫被借调到中央人民政府国家计划委员会（以下简称“国家计委”），从事工资和分配制度改革的理论与政策研究。借调期间，通过向劳动部工资局的专家和领导，以及组内的孙尚清、桂世镛等校外同志认真学习和讨教，刘方棫在调查研究、理论与实践相结合等方面有了新的心得和提升。这段借调时期的学习研究，也为此后刘方棫进一步加强调查研究，以及重点关注与经济发展具有密切关系的消费经济学与生产力经济学的研究做了良好的铺垫。

“文化大革命”结束后，国家恢复教师职称评审。1979 年，刘方棫被评为经济系副教授，1985 年被评为经济系教授。1988 年，经国家学位委员会审批，刘方棫教授成为博士生导师，正式招收和指导消费经济学研究方向的博士研究生，直到 2001 年带的最后两名博士研究生毕业。刘方棫教授先后指导海内外硕士研究生与博士研究生数十名，其中一些人后来成为相关领域的中坚力量及领导骨干。

其间，刘方棫教授先后担任教研室副主任、主任，主讲“文化大革命”后第一批入学的本科生和以后多届研究生的“政治经济学（社会主义）”“社会主义经济理论与实践”“马列主义经济原著选读研究”等课程。有感于教学实践与理论发展的差距，以及社会实践发展的需要，刘方棫教授先后开设了一些实用性强的新学科，讲授了“消费经济学”与“生产力经济学”等课程。

刘方棫教授笔耕不辍，先后出版《政治经济学（社会主义部分）》（合著，1984年）、《消费经济学概论》（1984年）、《生产力经济学教程》（主编，1988年）、《消费心理和消费行为研究》（合著，1989年）、《90年代中国市场消费战略》（主编，1994年）、《生产力论：邓小平经济理论的基石》（主编，1998年）、《刘方棫选集》（1999年）、《支撑经济增长——中国消费·储蓄·投资研究》（主编，2000年）和《消费：拉动经济增长的引擎》（2005年）等著作，并发表了大量的学术文章。这些研究成果获得诸多奖项，其中《消费经济学概论》是国内第一部独立著述的消费经济学著作，出版后大大促进了学术界的消费经济学研究，并被多所高校采用为消费经济学课程的指定教材。刘方棫主编的《90年代中国市场消费战略》一书获得1995年度孙冶方经济学优秀著作奖，以及北京大学改革开放三十年人文社会科学研究百项精品成果奖。

刘方棫教授积极参加学术活动，先后担任中国经济规律研究会副会长、会长，中国生产力经济学研究会副会长，中国劳动学会常务理事等职务，长期担任《经济科学》杂志的编辑工作，历任编委、副主编与主编，短期内曾兼任《北京大学学报（哲学社会科学版）》编委等职，还担任多个单位的特约研究员和客座教授等职。

刘方棫教授生性淡泊，口碑甚佳。道德文章，足为世范。为人谦和，不求名利。与世无争，与人为善。甘作人梯，扶携后进。为人师表，桃李遍布海内外。训教娓娓细语，受者如沐春风。实无愧谦谦君子，一代宗师。

第二节　三大研究领域

刘方棫教授的研究领棫大致可分为三个方面——社会主义经济理论与实践、消费经济学与生产力经济学。当然这三个方面也有重合和交叉之处。

一、社会主义经济理论与实践研究

“文化大革命”结束后，刘方棫教授首先从事的主要是有关社会主义经济理论与实践的研究。针对当时学术界和理论界存在的一些不当和错误观点，为有效破除长期计划经济体制下形成的不利于促进经济发展的普遍看法，刘方棫教授深入剖析了计划和价格、政治和经济等的辩证关系，为经济体制改革的顺利推行做出了应有的贡献。

在当时的政治经济环境下，社会主义计划经济体制的观念在很多人的心中根深蒂固。刘方棫教授认为，既然短期内难以撼动长期形成的计划经济体制，那么只能在固有的计划经济体制内做出局部性的努力，重点通过对计划与价格、政治和经济间的辩证关系的剖析与处理，提出不宜过分强调政治对经济的决定作用，在计划经济下也要努力发挥价格或者市场机制的作用，以在计划经济体制的堡垒内努力为市场机制发挥作用提供空间。

以上研究充分显示出刘方棫教授的良苦用心，在当时的背景下通过有关研究为积极推进经济体制改革发出声音，充分显示了一个经济学家的责任感所在。而且刘方棫教授当时所提出的有关观点，比如市场利于促进经济发展、提高居民生活水平等，也与此后官方明确提出的“三个有利于”标准相吻合，以现在的眼光看也并未过时，显示了研究的前卫与预见性。

刘方棫教授撰写的两篇论文，一篇是《论计划和价格的关系》（载《北京大学学报（哲学社会科学版）》1979 年第 5 期），另一篇是《论政治与经济的辩证关系》（载《北京大学学报（哲学社会科学版）》1978 年第 1 期），是在改革开放之初有关社会主义政治经济学的研究中的代表作。这两篇论文在马克思主义政治经济学的基础上，从理论上厘清了计划与价格、政治与经济的关系，对于推进经济体制改革以及发挥市场在经济运行中的作用鼓与呼，是难得的发表较早的有关理论论文。这两篇论文不但对于推进以市场化取向为目标的经济体制改革发挥了重要作用，而且在对以上论题研究的基础上，进一步认识到了消费与生产在经济运行中的作用。

刘方棫教授在进行社会主义政治与经济的研究过程中，不仅关注于计划与价格以及政治与经济等相关的研究，而且在对政治与经济等专题进行研究的基础上，充分注意到了消费经济学研究与生产力经济学研究的滞后。刘方棫教授在这一时期对于社会主义政治经济学的研究，为他日后研究消费经济学与生产力经济学奠定了坚实的基础。

二、消费经济学研究

刘方棫教授在社会主义经济理论与实践研究的过程中，深切感受到原来传统的计划经济体制过于强调生产，而忽视了消费。马克思早就提出了著名的生产和消费同一性的命题，但我国在计划经济体制下却没有看重和发挥消费应有的作用，对经济发展造成了不利的影响。

为充分发挥消费在社会主义经济发展中的作用，刘方棫教授针对消费理论研究滞后于实践需要的问题，对消费经济进行了深入的研究。在评价研究国外消费理论的过程中，他与陈岱孙教授、厉以宁教授等人进行了切磋与交流，逐步形成了自己独到的消费研究理论体系。

刘方棫教授在深入研究消费经济学的基础上，于1984年由贵州人民出版社出版了国内第一部独著的《消费经济学概论》。该书获得北京大学优秀教材奖和北京市第一届哲学社会科学优秀著作奖。在此基础上，刘方棫教授进一步加强了对消费的研究，并根据实践中不断变化的经济形势，适时地对消费问题提出自己的独到见解，为经济发展出谋划策。

这些研究工作奠定了刘方棫教授在我国消费经济学领域的重要地位。作为消费经济学的重要倡导者和创始人之一，刘方棫教授是在职期内国内唯一的消费经济学研究方向的博士生导师。北京大学经济学院也是教育部批准设置的唯一的研究消费经济学的博士点。

1994年，刘方棫教授与中国社会科学院杨圣明研究员共同主编出版《90年代中国市场消费战略》，这是又一部研究消费经济学的力作。该书因其对中国消费问题的卓越研究，获得了社会科学界的良好评价。

该书在前期消费研究的基础上，重点考察了在确立社会主义市场经济体制改革背景下，20世纪90年代的以市场化为主体的消费战略。在当时推进继续深化经济体制改革，努力推进市场消费战略并充分发挥消费拉动经济增长的发展作用从理论上做了全面阐述，在实践上对于进一步确立消费的重要地位，以及充分发挥消费拉动国民经济持续增长的重大作用奠定了坚实的基础。

在《90年代中国市场消费战略》中，刘方棫教授针对当时存在的总需求大于总供给，以及我国刚开始进行以社会主义市场经济体制为目标的经济体制改革，提出了我国应予采取的消费战略。

刘方棫教授指出，消费创造生产，消费是国民经济运行中的显示器和指示器，消费信息及其反馈作用的意义非常重要，关系到企业的盈亏和兴衰。市场经济是一种消费者主权经济，意味着消费需求第一的运行顺序。宏观的消费战略，不宜简单提倡过度消费，更不宜压抑正常消费。要大力倡导消费，调动内需；大力开拓市场，创导消费文明；大力优化产品结构，刺激有效需求；改善消费品市场服务和消费环境；等等。这些观点都具有特别重要的意义。

该书中提出的以上有关消费的理论观点，无论是在当时的经济社会发展背景下，还是在当前提倡国内大循环的过程中，都对进一步有效启动国内消费，更加充分地发挥内需拉动经济增长的重大作用，有重要的理论意义与实践价值。

在出版了《消费经济学概论》以及大力呼吁开展消费经济学研究的基础上，同时作为北京大学教师，处于研究战略要地，刘方棫教授对创立消费经济学功不可没。但是他却极为谦虚，仅称自己为消费经济学的主要倡导者和创始人之一。他一贯谦和与世无争，对虚名看得极为淡泊和坦然。

三、生产力经济学研究

在创立消费经济学的基础上，刘方棫教授并不满足，而是进一步关注生产力经济学的研究与创建。从逻辑上而言，消费经济学与生产力经济学也可谓一脉相承。正如马克思关于生产与消费同一性所称，生产与消费相互作用、相互影响，二者均不可或缺。

在研究消费经济学的同时，刘方棫教授决定对生产力经济学进行研究。从理论体系而言，生产与消费互为起点和终点，二者相互依存、不可或缺。从这个角度而言，在基本完成消费经济学框架的搭建后，进而研究生产力经济学是自然的选择和合乎逻辑的结果。

20 世纪 80 年代是刘方棫教授学术研究成果的“井喷”期，上半段时间他主要集中于社会主义经济理论与实践以及消费经济学的构建，下半段时期主要集中于构建生产力经济学。1988 年《生产力经济学教程》的出版，标志着生产力经济学框架的搭建与成熟。

刘方棫教授在实际研究工作中迫切感到对生产力研究存在滞后，率先于 80 年代中期在北京大学开设生产力经济学讲座，并邀请几位致力于生产力经济学研究的学者共同讲学授课。

在此基础上，刘方棫教授主编出版《生产力经济学教程》，并出版了两种版本，获得了多项奖励，为生产力经济学的强化做出了重要贡献。与消费经济学相同，刘方棫教授也是生产力经济学的重要倡导者和创始人之一。

《生产力经济学教程》的出版，受到了社会科学界的较高重视和广泛赞誉。该书刚刚出版时，由中央电视台的主播罗京主持该书的介绍会。刘方棫教授在国防大学给部分研究生讲授“生产力经济学”课程时，受到校长李德生将军的亲切接见；在生产力学会会议活动期间，温家宝总理予以接见。这些情景，显示了生产力经济学学科的价值和影响。

继《生产力经济学教程》出版之后，1998年刘方棫教授又主编出版《生产力论：邓小平经济理论的基石》。该书重点论述了邓小平的生产力发展观，从理论上诠释了生产力的内涵和外延，对进一步认识和推进生产力的发展，尤其是分析生产力理论对于邓小平经济理论的重要作用方面，做出了重要贡献。

四、一树双干：社会主义经济理论与实践、消费经济学与生产力经济学

20世纪90年代之后，刘方棫教授在创立消费经济学与生产力经济学的基础上，主要研究领域也集中于这两个方面。在发表诸多论文的基础上，他又分别主编出版相关专著，并进一步延续了这方面的研究。

除了《消费经济学概论》《90年代中国市场消费战略》《生产力经济学教程》《生产力论：邓小平经济理论的基石》等著作为代表的研究成果，刘方棫教授其他有关研究仍然是基本围绕社会主义经济理论与实践、消费经济学与生产力经济学来进行。其中，刘方

棫教授将理论与实践结合，重点研究了老百姓的住房问题和家用轿车问题，相关研究作为教学中的选题陆续发表在报刊上，这两大消费热点很快成为生活中的现实热点问题，显现出刘方棫教授研究的超前。

对社会主义经济理论与实践，比如对工业化、股份制、收入分配差距与小康社会等问题的研究，一直贯穿于刘方棫教授的研究实践中。从宏观上来看，对于消费经济学与生产力经济学的研究也属于社会主义经济理论与实践的相关内容。从大的角度划分，刘方棫教授的研究均可划归于社会主义经济理论与实践。如果再做细分的话，又可划分为社会主义经济、消费经济学与生产力经济学。或者说，刘方棫教授的研究以社会主义经济理论与实践为基础，在此基础上分出两个大的分支，一个是消费经济学，另一个是生产力经济学。正如一棵参天大树长出两条大的主干，各自茁壮成长并相互交叉，枝繁叶茂自成荫。

随着1992年经济体制改革目标确定为建立社会主义市场经济体制，以及宏观经济运行状况的改变，我国原来总需求大于总供给的经济状况有了改变，总供给大于总需求的买方市场逐步形成，出现了经济过热为主要原因导致的1994年、1995年较严重的通货膨胀，以及随着治理整顿后1997年出现的通货紧缩。

在20世纪90年代初提出市场化消费战略的基础上，刘方棫教授针对改变了的经济形势，与时俱进，提出了符合现实要求的相关建议。在前期研究的基础上，刘方棫教授进一步提出小康消费战略与后小康消费战略，以及通过教育等消费热点大力启动内需，在消费拉动的同时做到消费与投资双拉动等具体政策建议。

第三节　简要评价

刘方棫教授在 70 年的教学实践与理论研究中，总是紧扣时代脉搏，以马克思主义经济学作为研究基础，结合马克思主义中国化的最新进展，根据经济发展的实践，将理论与实践紧密结合，透过现象深入本质，针对当时经济社会发展中的理论与实践重大问题，深入开展思考与研究。无论是社会主义经济理论与实践，还是消费经济学与生产力经济学，他都能针对经济理论发展中的重大问题做出开创性的研究。

虽然研究领域可以大致划分为这三块内容，但对刘方棫教授而言，这三块内容本身是相通的，是不可分割的整体。刘方棫教授正是在对社会主义经济理论与实践研究的基础上，结合消费与生产实践，开创性地进行了消费经济学与生产力经济学的研究，并进一步推进了社会主义经济理论与实践的研究。

从另一角度来看，也可以认为消费经济学与生产力经济学本身就是社会主义经济理论与实践不可分割的重要组成部分。正是在社会主义经济理论与实践的统一研究框架下，刘方棫教授以马克思主义与中国化的马克思主义为基础，在理论与实践紧密结合的基础上，有效地开展了社会主义经济发展中的重大理论与实践问题研究，开创性地丰富了消费经济学与生产力经济学的内涵，奠定了消费经济学与生产力经济学在具有中国特色的社会主义经济理论体系中重要的地位。

笔者在学习刘方棫教授的有关著述中，总是能深深感受到刘方棫教授那种扎根实践的浓厚的家国情怀。与一般学者不同，刘方棫教授早在读大学期间就参加了地方土地改革运动，在20世纪70年代初又借调到国家计委从事工资理论等方面的研究，而曾经深入基层锻炼实践的经历对于刘方棫教授以后的理论研究工作有极大的帮助。因而无论是从事社会主义经济理论与实践的研究，还是消费经济学与生产力经济学的研究，刘方棫教授都具有种扎根于祖国大地并极关注重大理论与实践问题的精神。

实践证明，刘方棫教授的一些重要论断时至今日仍有非常重要的意义。尤其是当前随着社会主要矛盾已由“人民日益增长的物质文化需要同落后的社会生产之间的矛盾”演变发展为“人民日益增长的美好生活需要和不平衡不充分的发展之间的矛盾”，而为解决当前面临的矛盾，必须在促进生产力进一步发展的基础上，不断提升公众消费水平、优化居民消费结构，更充分地发挥消费拉动经济发展的重大作用。

当前，最终消费率仍处于较低水平，以及居民消费水平有待进一步提升、消费结构有待进一步优化等，可以说刘方棫教授当年提出的有关消费的重大实践与理论问题还没有解决。尤其是近年最终消费需求对经济发展的贡献率仍处于较低的水平，居民消费水平增长缓慢，公众难以有效分享改革开放成果。当前更加深入地进行有关消费以及其他重大理论实践问题研究，仍然具有非同寻常的价值。

因而在此意义上讲，在当前推进供给侧结构性改革的过程中，为有效应对国内外各种因素对经济社会发展的冲击，尤其是着力于发展国内大循环为主体、国内国际双循环相互促进的新发展格局的过程中，还有待学者们在不断丰富发展着的生产力与消费实践的基础上，持续发展生产力发展理论与消费经济理论，并在理论发展的基础上进一步指导实践。在当前时代背景下，刘方棫教授所提倡推进的消费经济学与生产力经济学，仍有其大力发展的必要性与迫切性。

第二章 CHAPTER 2

社会主义经济理论与实践学术思想

第一节　概　述

1954 年秋，刘方棫自中国人民大学研究生班结业回到北京大学后，重点从事教学与研究工作。在中国人民大学为期两年的学习过程中，刘方棫受到了严格的传统马克思主义经典经济学训练，取得了优异的成绩。正是在原来北京大学本科学习的基础上，再加上在中国人民大学政治经济学研究生班接受的良好训练，使刘方棫奠定了扎实的马克思主义经济学功底。

本科毕业前夕在广西柳州从事的八个月土改工作，更是使刘方棫充分体验到了社会实践的多样性，更加认识到中国共产党的伟大与正确。虽然刘方棫自小成长生活在北京，但因为有了在广西柳州这段经历，才使得他的研究更接地气，也使他在以后的理论研究中更加重视实地调查研究。

1954 年，刘方棫到北京大学从事教学工作后，虽然受当时形势以及教学为主等多种因素的影响，在“文化大革命”结束前几乎没有正式发表过相关作品，但长期的备课、教学以及社会实践，尤其是在曾经到广西参加土改以及“文化大革命”期间借调到国家计委从事分配理论研究，使得刘方棫思考关注之点并不仅限于书斋，而是更为关注经济运行发展中的重大理论与实践问题。正是在扎实的经济学理论功底以及深厚的社会实践基础上，刘方棫教授经历了一个厚积厚发期，一旦机会成熟，长期的学习与思考就会转化为理论文章和著述。

刘方棫教授那一代的学者通常都是长期认真学习领悟马克思主义经典著作，拥有极为深厚的传统马克思主义经济学基础，在学习的基础上经过教学实践与调查研究，对于经济社会实践具有更加深刻的思考与认识。正因为如此，他们才有可能在马克思主义经典经济学的基础上，对于社会主义计划经济体制下的国民经济运行予以深入的思考与研究，才能结合国民经济运行的某一具体领域进行更加深入的研究与开拓。

“文化大革命”结束后，刘方棫与一大批学者迎来了学术的春天。在长期积累的基础上，刘方棫教授在1978年与1979年分别发表论文，重点对社会主义经济理论与实践进行了深入的研究，对当时仍处于社会主义计划经济体制下，而市场化改革取向仍不明确以及“左”的思潮仍占统治地位的情况下，刘方棫教授应用马克思主义经典经济学，对计划与价格、政治与经济的关系进行了深入的思考，充分强调经济对政治的决定作用，并呼吁要发挥价格调节经济运行的作用。这在当时计划经济体制仍然占绝对统治地位，计划经济思想仍然根深蒂固的情况下，对于推进市场化为取向的经济体制改革实有开拓之功，对于逐步从理论上厘清过分僵化理解马克思主义经典作家理论具有积极的意义与重要的先导作用。

在对计划与价格、政治与经济进行研究的基础上，刘方棫教授进一步对价值规律在经济运行中所发挥的作用进行了研究。在长期计划经济体制下，过度强调社会主义经济有计划发展，而对于价值规律关注不够，这种倾向亟待扭转。正因为如此，刘方棫教授对发挥价值规律作用的强调，与强调发挥经济对政治的基础作用以及价格对经济运行的调节关系一脉相承。

总体而言，刘方棫教授无论是强调价格对经济运行的调节作用，还是价值规律对经济运行的作用，均是倾向于推进以市场化为取向的改革，建议逐步减少政府对经济运行的干预，这与此后强调以市场化为主要取向的消费政策一脉相承。

随着经济体制改革的不断深入以及社会主义经济的不断发展，在深化改革与解放思想的过程中，马克思主义经济学发展也存在一个与时俱进与不断中国化的过程。但在此过程中，尤其是随着生产要素可以参与分配，有人对马克思主义的劳动价值论提出了质疑。在此背景下，刘方棫教授在强调活劳动是价值唯一源泉的基础上，对于新形势下如何更有效地发展劳动价值论提出了建议。正是在这一基础上，才能既坚持马克思主义劳动价值论，同时又结合不断发展的经济社会实践，对生产要素参与分配等现象予以解释，以更好地推动包括收入分配体制改革在内的经济体制改革。

在对社会主义经济运行诸多重大问题研究的基础上，刘方棫教授也对工业化发展中要解决的重大问题以及有关住房、轿车消费等问题进行了深入的研究，并提出了有关对策措施。比如在当时经济陷入通货紧缩亟须发展新的消费热点的情况下，强调尽快发展住房与轿车消费，对于促进消费升级、提升公众消费水平以及有效发挥消费拉动经济发展起着重大作用，具有极为重要的实践价值与理论意义。

总体而言，对于社会主义经济理论与实践的研究，是刘方棫教授长期从事马克思主义政治经济学研究与教学，以及对计划经济体制实践有切身感受的基础上，对于当时经济运行中所存在的深层次的影响经济发展的问题的思考，并提出相应的对策建议。这些思考对于他此后进一步开展消费经济学与生产力经济学研究奠定了基础，进而促进了社会主义经济理论与实践的研究，三者之间可谓相辅相成、相互促进。

第二节　有关社会主义经济理论研究

一、概　述

“文化大革命”结束后学术研究迎来了春天，尤其是1978年十一届三中全会的召开吹响了经济体制改革的号角，身逢其时的学者无不根据自身的理论素养，结合当时轰轰烈烈的经济体制改革进程进行深入的思考与研究。尽管当时的经济体制改革远称不上起步，仅是在农村实施生产经营承包责任制，在城镇进行部分企业改革试点，而企业改革试点仅限于所有权与经营权相分离，城镇经济体制改革仍处于蓄势待发期。农村的生产经营承包责任制极大释放了计划经济体制下压抑多年的生产力，农民的生产经营积极性空前高涨，农村劳动生产率迅速提高，生产呈现出欣欣向荣的景象，居民收入水平短期内有了较大幅的提升，基本解决了温饱问题。而与此相对应的是，城镇经济体制改革相对滞后，其滞后不仅受制于长期实施的计划经济体制，而且受制于根深蒂固的思想认识，比如仍固守政治挂帅而忽视经济对政治的决定作用，以及所谓经典作家认为的必须坚守计划而忽视价格作为重要的市场手段所能对经济运行所应发挥的作用等。不从思想上破除传统计划经济体制下的约束，就难以真正从行动上推进经济体制改革。因而在此背景下，亟须经济学者们从理论上对长期计划经济体制下盛行的过于强调计划而忽视价格等市场要素的固有观点予以商榷批判，需要从理论上逐步确立重视发挥价格等市场性要素配置资源的重要作用等观点。

1978 年十一届三中全会召开之前，刘方棫教授即基于其深厚的经济学功底，以及其长期以来对于实践的思考与认知，重点从计划与价格、政治与经济的关系入手，开始深入反思长期计划经济体制下由于过度强调政治对经济的决定作用以及过度强调计划而忽视价格所导致的各种问题。

从研究的时间节点来看，在 1977 年年底与 1978 年年初即发表相关论述，说明刘方棫教授对于计划与价格、政治与经济关系的研究可谓超前，具有极大的前瞻性。在当时那种历史背景下做出类似的研究，公开强调呼吁有效发挥经济对政治的作用以及强调价格在推进市场运行中的作用，仍存在较大的风险，从事类似的研究也需要极大的勇气。

当时生产力水平仍较为低下，计划配置资源仍占据着绝对统治地位，市场化配置资源无能为力。在当时的背景下，作为理论研究者尚不可能明确提出要充分发挥市场化配置资源的作用，而仅能通过强调发挥价格对资源的配置作用，而为市场化取向的经济体制改革提供部分空间。

正是在此背景下，刘方棫教授通过对计划与价格关系的论证，既不失大胆，同时又小心翼翼地为价格发挥配置资源的作用提供理论论证。在当时那种宏观形势下，既不能过度表达市场化取向改革而甘冒天下之大不韪，也要适度表达推进市场化改革的方向，实无异于走钢丝。

例如，由刘方棫教授指导的一篇博士学位论文，已经通过初校，某刊物决定刊用，但因论述市场化改革的必要性而被批并撤稿退稿。后来该稿发表于中央级刊物，反证此观点合乎改革的权威，才被肯定并免于批判。而在此背景下，出于学者的良知做出具有如此超前性的有深度的研究，充分彰显了知识分子为国为民的担当与风骨。

刘方棫教授正是从学者的良知与使命出发，大胆进行计划与价格、政治与经济关系的研究，为深入推进以市场化为导向的经济体制改革鼓与呼。刘方棫教授在这段时期发表的著作为深入讨论政治与经济的关系，强调二者的矛盾统一，强调经济对政治的基础作用，强调经济发展的重大作用，对于破除传统计划经济的影响与解放思想有着非同寻常的重要价值。

与对计划与价格、政治与经济关系的研究一脉相承，1984 年刘方棫教授又发表了一篇有关价值规律的文章，强调在经济体制运行中要充分发挥价值规律的作用。和计划与价格、政治与经济关系的两篇论文相似，这篇论文的主旨也是为推进市场化经济体制改革而摇旗呐喊。

随着经济体制改革的不断深入，尤其是自党的十六大报告指出“确立劳动、资本、技术和管理等生产要素按贡献参与分配的原则”，党的十七大报告进一步指出要“健全劳动、资本、技术、管理等生产要素按贡献参与分配的制度”。而自生产要素可以参与分配后，理论界与实务界不断对劳动价值论提出质疑，甚至有人认为劳动力价值论已经过时。

在此背景下，刘方棫教授对新时代下劳动价值论是否仍适用进行了研究。他进一步强调，只有“活劳动是价值的唯一源泉”，而在此基础上生产要素可以参与分配，生产要素参与分配并不意味着其可以创造价值，只有进一步坚持劳动价值论，才能更有效地推动分配，做到按劳分配与按要素分配有机结合。

二、对计划和价格关系的研究

《论计划和价格的关系》一文发表于《北京大学学报（哲学社会科学版）》（1979年第5期）。长期计划经济体制下国家过度重视计划的作用，而有意无意地忽视了价格对资源配置的调节作用。刘方棫教授的这篇论文，正是在推进经济体制改革之初对于计划与价格关系的思考，并提出了有效利用价格配置资源的观点。该文厘清了在社会主义计划经济中计划与价格是什么关系，强调重点是要完整准确地处理好二者的关系，以改变长期以来价格作为计划的工具而处于被决定的从属地位的情况。该文认为，只有在明确计划和价格关系的基础上，才有可能在推进经济体制改革的过程中，逐步减小计划在配置生产资源中的作用，而逐步发挥价格在配置生产资源、提高生产效率过程中的应有重大作用。

（一）计划调节作用与价格调节作用要互相结合，不能分开

刘方棫教授指出，计划与价格在计划经济中是不可缺少的调节工具，而且二者不可分割，都是客观经济规律的表现或反映。但在经济发展过程中，必须充分考虑国民经济有计划按比例发展的规律同价值规律的作用与要求。如果只顾计划而不顾价格，只按主观因素来定价，则会使不少商品价格与价值背离过大，违背客观规律的

要求与联系。

强调发挥价格对资源的配置作用，是价值规律运行的必然结果。虽然在计划经济下价格规定的调节作用形式，受到社会主义基本经济规律和国民经济有计划按比例发展规律的极大制约，但价值规律仍有其调节作用。价值规律对投资和劳动力分配仍有一定的决定作用，虽然不是唯一的。

价值规律的调节作用不仅客观存在，而且在计划经济中总是同国民经济有计划按比例发展规律的调节作用交织和结合。社会主义基本经济规律和有计划按比例发展规律发挥的调节作用，不能代替和排除价值规律的作用，必须结合和利用价值规律的调节作用才能实现自己的作用要求，同时价值规律也只有借助于有计划按比例发展规律的要求以及它所反映的社会需要的目的性，才能在不同部门分配社会总劳动时去掉盲目性和自发性，通过正确的计划比例和平衡，避免经济破坏性的比例失调。

刘方棫教授强调指出，应该把国民经济有计划按比例发展规律的调节作用，同价值规律的调节作用统一、结合起来。在制订计划时要充分考虑到价格所体现的价值规律的作用和要求，在确定价格时充分考虑到计划中所反映的国民经济有计划按比例发展规律的作用的要求。

（二）计划调节和价格调节的主次地位在一定条件下应该是可以互相转换的

刘方棫教授明确指出，为认识价值规律的作用，并不能误解社会主义经济中的价值规律。既不能片面过度强调价值规律的作用，也不能把价值规律的“支配作用”同社会主义公有制和无产阶级专政对立起来。但绝不能无视或抹杀价值规律作用，在全民所有制中削弱和取消经济核算制，在整个国民经济计划中取消价值和价格。

计划调节和价格调节的主次地位在一定条件下可以互相转换。针对工作需要正确地发挥价格的调节作用，对于做好计划工作，结合“调整、整顿、改革和提高”的方针，无疑具有重要意义，因而必须有效充分地发挥价格调节配置经济资源的作用。

（三）为什么对于计划和价格的关系会有错误的理解？

为更有效地厘清计划与价格的关系，刘方棫教授针对当时存在的对计划和价格关系的错误理解予以了澄清，指出对于存在的有关价格调节与计划调节的错误论断有很深的思想根源。

长期以来，人们对社会主义计划经济是一种特殊形态的商品经济这点认识不足，因而对价值规律缺乏完整的认识，并不能自觉地利用它。虽然一般人认为社会主义计划经济体制下价值规律不起决定作用，而实际上价值规律仍在一定程度一定范围内发挥调节作用。在社会主义制度下，价值规律的调节作用和社会主义基本经济规律、有计划按比例发展规律的调节作用是对立统一的。

刘方棫教授指出，为改革好计划管理体制，在制订计划中仍要充分反映价值规律的作用与要求。要充分认识社会主义制度下价值规律依然有调节生产的作用，而且价值规律调节与社会主义基本经济规律、有计划按比例发展规律的调节作用是对立统一的。要辩证地、完整地拨正计划与价格的关系，正确发挥价格的调节作用，以更有效地促进经济发展。

《论计划和价格的关系》一文也强调要发挥价值规律的作用，

进而得出要辩证地处理计划与价格的关系，更有效地发挥价格的调节作用。在当时的时代背景下，受多种因素的影响，尚不能光明正大地强调充分发挥价值规律的作用，因而对价值规律的作用的强调有所保留。但虽然如此，刘方棫教授仍煞费苦心地通过强调价值规律的作用，进一步强调发挥价格的调节作用，在当时那种情况下实属不易。

刘方棫教授此前在《对“计划第一、价格第二”的一些探讨》(发表于1979年3月的《四川省价值规律讨论会文集》)一文中，对计划与价格的关系做了相应论述。该文认为“计划第一、价格第二”是经济工作中的重要原则和发展，对于做好工作起过一定的积极作用，但并不完全科学。

刘方棫教授指出，“计划第一，市场第二”并不意味着“计划经济为主，市场经济为辅”，也不意味着“计划规律第一，价值规律第二”。在实际经济运行过程中，有计划按比例的发展规律同价值规律的作用不是割裂的，并没有先后之别，也没有大小或一二的顺序。

计划与价格作为统一的矛盾双方，不仅相互依赖，而且相互渗透。不能把第一、第二当作一个固定的模式，不分条件地机械搬用。对真理的认识应有一个螺旋式上升的过程、从低到高的发展过程，所以要提高认识和利用价值规律的自觉性，坚持实事求是的原则，更好地按照客观规律办事，做好计划工作与物价工作，推动国民经济更好更快发展。

刘方棫教授对于计划和价格的作用规定的认识，为进一步辨析政治和经济的关系，奠定了坚实的基础。在当时的经济社会发展条件下，价格无疑是被作为市场的代名词。而对于计划和价格作用的讨论，其实也就相当于讨论计划和市场在经济社会发展中的作用。

在1979年经济体制改革刚刚起步的情况下，刘方棫教授也只能通过对计划和价格的关系的讨论，以论述价格也是市场在社会主义制度中发挥的作用，这在当时为深入推动以市场化为主体趋向的经济体制改革过程中，澄清存在的计划与价格的不当认识、有力推进经济体制改革，具有其独到的价值。

三、对政治与经济关系的研究

《论政治与经济的辩证关系》一文发表于《北京大学学报（哲学社会科学版）》（1978年第1期）。

刘方棫教授对于在社会主义制度下政治与经济关系的思考，主要源于其在求学阶段奠定的经济学理论基础，以及工作后对社会主义计划经济体制下长期过于强调计划所导致的生产力受到抑制的经济发展实践。

“文化大革命”结束后，刘方棫教授即在此前思考的基础上完成此文。在当时党的十一届三中全会尚未召开的背景下，此文是较早探讨政治与经济关系的重要文献，在当时“左”的观念仍占统治地位的情况下，敢于探讨政治与经济的关系，并重点强调经济对政治的反作用，实有筚路蓝缕之功。

刘方棫教授在这篇文章中明确指出，政治和经济的关系问题，既是马克思主义政治经济学理论中非常重要的问题，也是社会主义革命建设中必须正确认识和解决的实际问题。因此，要准确、全面地领会马克思主义关于政治和经济的相互关系原理，以更有效地促进发展社会主义国民经济。

（一）是经济决定政治的“性质和发展方向”，还是政治决定经济的“性质和发展方向”？

刘方棫教授在这篇文章中首先讨论了是经济决定政治，还是政治决定经济。他根据马克思主义经典著作的论述，强调指出，生产力与经济基础表现为主要的决定作用，生产关系与上层建筑又表现为主要的反作用。根据马克思唯物史观，以及社会发展的一般规律，社会关系划分为物质关系与思想关系，物质关系是人们维持生存的活动形式，而思想关系是物质关系的上层建筑。

第一，物质资料的生产、再生产，是社会一切生活的基础。经济因素是基础，政治因素不过是物质生产所要达到的经济利益的集中反映。不同阶级的对立和斗争是它们经济利益冲突的表现形式。政治是阶级间基于经济利益的斗争，经济利益是本原性的东西，是目的，政治权利是手段。因此，在政治与经济的交互作用中，经济是最原始的、最具决定性的。

第二，经济基础的性质和变化，决定着上层建筑的性质和变化。生产关系的性质和发展方向，是由生产力的性质支配的；上层建筑的性质和发展，又是由生产关系即经济基础的性质和要求所支配的。

通过以上分析，刘方棫教授强调指出，在经济和政治的关系中，经济是“基础”，即经济是一条贯穿全部发展进程的“红线”，是社会关系中“最基本”的原始关系，因而经济因素一般表现为主要的决定作用。

（二）政治“表现为主要的决定的作用”是无条件的，还是有条件的？

在强调经济因素一般地表现为主要决定作用的基础上，刘方棫教授进一步强调，经济虽然是基础，但政治和其他上层建筑对其也具有反作用。在历史进程中，经济总是作为必然的东西向前发展的，对社会生活起着最终的支配作用。政治对经济的影响，虽然是第二性的作用，但并不是说经济就可以不依赖政治而自动发生作用。而政治总是对经济起着积极的或者消极的作用，亦即政治并不总是能有效地促进经济的发展，有时甚至会破坏经济的发展。

刘方棫教授指出，对于政治对经济是起积极的促进作用还是起消极的破坏作用，全以政治是否以适应经济的发展为转移。但政治对经济的决定作用并不是可一直持续下去的，对于逆经济发展而动的权力是不可能持久的，总要在经济的压力下崩溃。

在一定的历史条件下，第二性的反作用可以对历史发展起主要的作用，而且历史上类似事实不可胜数。对于政治与经济的关系，不能有意回避政治在一定条件下转过来对经济的决定作用，因而不能主张搞一元论的“一个决定作用”。

当然，第二个决定作用是有条件的，是必须在承认第一性东西在总的历史过程中起决定作用的前提下，在一定特定条件下，矛盾的主要方面才转化到政治革新上来。即在承认经济对政治的决定作用的前提下，承认有时政治对经济也发挥着决定作用。

当政治权力同经济长期处于对立的地位时，其斗争的结果，总是政治权力在经济发展的压力下陷于崩溃，而经济发展总是毫无例外地和无情地为自己开辟道路。但这也并不等于否认政治有“转过来”的决定作用，关键在于看有没有“转过来”起决定作用的一定条件。

在经济规律要求的作用下，这些客观上的要求变为现实，政治就可以成为决定性的东西。所以既要有科学态度以尊重客观的经济发展规律，又要有革命作为，充分发挥无产阶级政治对经济的能动作用。

（三）政治与经济是分裂的，还是对立统一的？

刘方棫教授强调，政治与经济是对立统一的，突出表现在，政治来自经济，又反作用于经济；经济要靠政治领导，政治则要为经济服务。政治与经济是矛盾的统一，彼此互相依存，互为条件，而且互相渗透。

在社会主义制度下，一定要保持政治领导经济的条件，防止社会主义经济转向。在保证社会主义制度的同时，任务重点可以转化。革命是解放生产力，目的就是促进生产力的发展，不断满足公众物质文化生活的需要。

经济要政治出来领导，是为了让政治为经济发展服务。政治是否为基础服务，是否为经济的发展服务，就是衡量政治好坏的标准。即要看政治是好是坏，要看其对生产力的发展是否有帮助及其帮助大小，看它是束缚还是解放生产力的。

刘方棫教授指出，既然政治和经济作为矛盾的对立统一，在社会主义革命和社会主义建设中，就要善于把政治和经济有机结合起来。既要坚持政治对经济的领导，也要在对立中看待它们的统一，要充分发挥无产阶级专政对巩固和发展社会主义经济服务的能动作用，要把国民经济迅速搞上去，并把经济领域中的一切政治思想工作做好做细，把一切因素调动起来。

综观全文，刘方棫教授在强调社会主义制度的前提下，指出要在政治与经济的对立中看待它们的统一。强调政治对经济的领导作用的关键在于，要调动一切可用的积极因素，把国民经济迅速搞上去，不断提升生产力。虽然在当前来看，对于政治和经济的关系判断可能并不成为问题，但在“文化大革命”刚刚结束不久并经历了长期的社会主义计划经济体制情况下，从理论上对政治和经济的关系予以区分，更是有其必要性和重要性。

经过长期“左”的影响尤其是经过“文化大革命”的影响，在当时尚未召开十一届三中全会的背景下，刘方棫教授基于马列经典作家与毛泽东同志的有关论述，深入考察分析政治与经济二者的关系，指出政治与经济作为对立统一，在强调经济对政治决定性作用的基础上，既要坚持政治对经济的领导，又要在政治与经济的对立中看待它们的统一，充分发挥政治对经济服务的能动作用，以实现尽快把重点转到经济建设上来，以把国民经济建设迅速搞上去的目的。

在当时发表讨论政治与经济的文章，对于厘清二者关系、纠正那种过于片面强调政治对经济决定作用的不当认识，以更集中地把力量集中在经济建设上，具有重要的理论意义。

四、经济规律体系宏观考察与经济发展新战略

刘方棫教授早在研究价格与计划关系时，就涉及社会主义经济体制下的经济规律体系，尤其是考察了价值规律在社会主义经济运

行中的适用性及其重大作用。在以前研究的基础上，刘方棫教授又重点从宏观角度考察了社会主义经济规律体系，并以此为基础进一步考察了推动我国经济发展的战略措施。

《经济规律体系的宏观考察和我国经济发展的新战略》一文发表于《东岳论丛》（1983 年第 1 期）。该文强调进行社会主义经济建设必须精通经济发展的客观规律，并注重在经济发展中运用经济规律。但是对于经济规律的认识与研究，是一个在理论和实践的结合上逐步提高、不断创新的过程。

刘方棫教授强调指出，对有哪些社会主义经济规律以及经济规律如何发挥作用进行详细的考察，做得并不够，而且没有实质性突破。对社会主义经济规律不仅要熟悉局部，而且要熟悉其整体联系。因而要通过整体综合分析，揭示出经济规律整体运动方式，把微观分析与宏观分析、静态剖析和动态考察有机结合起来，唯有如此才能更全面、具体、生动地认识和掌握经济规律体系的全部运行机制。

（一）应该强调对经济规律的研究

刘方棫教授首先指出，当前对社会主义经济规律的认识还很不够，尤其是对其的论述缺乏相互贯通和融合，只是侧重于传统地研究基本经济规律、有计划发展规律、价值规律与按劳分配规律等，而对其他经济规律尤其是对消费规律研究过少。对产品最终实现的消费问题研究不够，对其他规律研究也不可能进行得非常深入。而且相关研究中更是缺乏对于社会主义生产关系运动规律和生产力规律之间的相关性研究。

对社会主义经济规律的全面深入考察，对于制定和实现社会主义经济发展新战略具有极其重要的意义，这是全面开创社会主义现代化建设的新战略的基本依据。党的十二大在总结经验教训的基础上，充分重视社会主义经济规律的整体作用，把基本经济规律从生产贯穿到消费，提出了一条科学的新战略，从我国的生产力实际状况和一切为人民的思想出发，把立足点放在提高经济效益上，走一条积累不那么高，速度比较实在，经济效益比较好，人民可得到更多实惠的新路。

刘方棫教授认为，必须全面运用好社会主义经济规律，做好从生产起点到消费终点、从生产力到生产关系的全面的工作安排，使社会主义经济规律的整体作用落在经济效益的全面增长上，最终又落在人民生活消费大幅的改善上。

只有在经济建设的战略部署上充分发挥社会主义经济规律体系的合力作用，既不能忽视消费领域的规律和生产、流通、分配领域的规律要求，也不能忽视生产力经济规律和生产关系规律。

（二）经济规律体系应该包括生产力运动规律

经济规律体系不应当排除生产力运动规律，对生产力运动规律的强调，也预示着刘方棫教授其后对生产力经济学的研究。

刘方棫教授指出，之所以不能忽视生产力运动规律有以下原因：

第一，生产力不是一个纯粹的自然范畴或技术范畴，而是一个重要的社会经济范畴，具有社会属性的生产力运动，属于经济运动，但不同于生产关系的矛盾运动。

第二，经济运动是生产关系和生产力相互作用的结果。经济规律是经济运动过程内部的本质联系，而经济运动过程包括生产力。

第三，社会产品的再生产、节约和消耗、提高劳动效益，使产出大于投入等经济活动，具有独立于生产关系规律之外的独自运动规律，不可能由生产关系运动规律来顶替。

正是因为生产力规律有重大作用，学者要努力加强对生产力规律的研究。生产力运动规律包括劳动者同生产工具、劳动对象相结合规律，社会分工愈益深化、新的生产部门不断独立化的规律，技术老化和技术构成不断增长的规律，生产发展与生态环境要相协调的规律等。

（三）制定社会主义经济发展新战略需要考察并尊重社会主义经济规律系统，并按经济规律的合力办事

刘方棫教授指出，从宏观角度考察社会主义经济规律，对于制定和实现社会主义经济发展新战略，具有极其重要的意义。

在社会主义经济体制改革中必须加强推进经济规律体系的研究，在经济建设的战略部署上要充分发挥社会主义诸经济规律的合力作用，绝不能忽视消费领域的规律和生产、流通、分配领域的规律的交互作用，不能忽视生产力经济规律和生产关系规律的交互作用。只有充分尊重各种经济规律并在制定宏观经济政策中充分发挥经济规律系统合力的作用，才能更有效地推进经济快速发展并不断提高人民群众的生活水平。

从计划与价格、政治与市场到经济规律的问题，刘方棫教授对社会主义经济运行涉及的重大问题研究不断深入，对有效处理好计划与价格、政治与市场的关系，以及有效利用经济规律问题，促进国民经济高效快速发展，提出了相关建议。特别地，刘方棫教授对

经济规律问题的认识与研究，是从另一个角度深入认识社会主义经济体制改革中存在的重大问题，唯有在深刻认识经济规律运行机制的基础上，才能更好地掌握运用经济规律，并使经济规律在实际经济社会发展中发挥更重要的作用。

也正是对消费规律与生产力运动规律的重视，直接催生了刘方棫教授对消费规律与生产力规律的进一步深入研究，在深入教学与研究的基础上，先后独著出版《消费经济学概论》并主编出版了《生产力经济学教程》等著作。

五、发展劳动价值论的前提、途径与科学方法

《发展劳动价值论的前提、途径与科学方法》一文发表于《江海学刊》(2002 年第 1 期)。随着确立社会主义市场经济体制改革目标与经济体制改革的不断深入，尤其是随着收入分配原则上允许生产要素参与分配，理论界对于劳动价值论出现了质疑。在此背景下，刘方棫教授在坚持“活劳动价值一元论”的基础上，提出了发展劳动价值论的途径与科学方法。

（一）坚持“活劳动价值一元论” 是发展劳动价值论的前提

马克思的劳动价值论是在批判地继承资产阶级古典政治经济学的基础上发展起来的，其主要目的可以归纳为两点：

第一，通过具体劳动和抽象劳动的划分，科学地说明商品的使用价值和价值之间的矛盾，进而揭示纷繁复杂的商品交换背后起决定作用的、可通约的因素，即一般的无差别的人类劳动。

第二，通过对劳动和劳动力的区分，深刻地阐明劳动力商品使

用价值的特殊性，即劳动力商品在使用过程中不仅能够生产出劳动力的价值，而且能生产出超过劳动力价值的价值，从而揭示剩余价值的源泉和资本主义剥削的秘密。

刘方棫教授认为，马克思创立劳动价值论的目的，不在于研究怎样促进商品的使用价值的生产，而在于揭示商品的社会属性，即人与人之间的关系，在于揭示剩余价值的源泉和资本主义生产关系的内在矛盾。

因而，马克思创立劳动价值论必须是一种活劳动价值一元论。否则，如果资本、土地等生产要素也创造价值，则无法揭示商品交换关系的本质。人与人之间劳动的交换，也无法揭示剩余价值的源泉和资本主义剥削的秘密，即对工人在劳动过程中创造的超过其自身价值以上的价值的无偿占有。

刘方棫教授强调，坚持活劳动价值一元论，就是说坚持活劳动是价值的唯一源泉，是发展马克思劳动价值论的前提，否则就是对马克思劳动价值论的否定，而不是对其的发展。

刘方棫教授指出，活劳动价值一元论的科学性在于，只有人类的活劳动是世界上唯一具有明确目的的、有创造性的活动，即具有能动性的活动。虽然活劳动对价值的创造离不开资本、科技等外部条件，但是在终极意义上这些因素都源自劳动，是人类前期劳动的结晶和积累。即使在知识经济时代，知识作为一种生产要素，本身也并不创造新的价值，创造价值的只能是知识工作者运用知识的劳动。

如果要深化对劳动和劳动价值论的认识、发展劳动价值论的话，就必须坚持活劳动价值一元论，否则就是对劳动价值论的否定。

（二）坚持从实际出发是发展劳动价值论的根本途径

在社会主义市场经济条件下，如何认识和发展劳动价值论，是我们必须面对的一个重大课题，需要根据全球化背景以及变动的经济社会发展实际来认识劳动价值论。

首先，在社会主义市场经济体制下，劳动价值论当然同样适用，但在以公有制为主体、多种所有制共同发展作为基本经济制度的背景下，必须肯定民营企业家和私营企业主的经营管理要素也创造价值，而不能以财富的多寡来作为判断是不是价值创造者的标准。当然，也不能认为民营企业家和私营企业主的收入全部源于其经营管理劳动创造的价值。

其次，需要重新认识创造价值的生产劳动的内涵与外延。不管是物质生产领域，还是精神文化生产领域，甚至是公共管理工作，只要这些活劳动是直接或间接为商品生产服务的，就都属于生产劳动。而科技工作者的科学劳动、企业经营者的经营管理劳动属于复杂劳动，也能在相同的时间里创造出比简单劳动大得多的价值，因此必须予以高度重视。

最后，随着经济全球化的发展，国际社会必要劳动时间已成为决定商品价值的基本尺度，因而必须大力提高劳动生产率，从而使个别劳动时间低于国际社会必要劳动时间，从而获得更多的效益。

（三）继承与创新相结合是发展劳动价值论的科学方法

在前述分析的基础上，刘方棫教授强调，要发展劳动价值论，必须把握以下几个重点：

第一，既要坚持活劳动价值一元论，又要充分重视其他生产要素对价值创造的重要作用，努力把劳动价值论和财富论有机地结合起来。坚持活劳动价值论的必要性和合理性，并不是否定其他生产要素对价值创造的重要作用。没有使用价值的商品是没有价值的，使用价值的创造是劳动、资本、技术、土地等所有生产要素共同作用的结果，要充分重视全部生产要素对财富创造的协同作用。实行按劳分配为主、与按要素分配相结合的分配制度，就是劳动价值论与财富论相结合的具体体现。

第二，既要拓展生产劳动的内涵和外延，又要注意区分活劳动和物化劳动在价值创造过程中的不同作用。不能把电脑、机器人等自动化机器、设备也看作创造价值的劳动。电脑、机器人本身作为物化劳动，在价值创造过程中起到的只是价值转移的作用，这与活劳动价值创造功能有根本区别。

第三，既要重视价值的创造，也要重视价值的实现，要重视市场特别是国际市场对价值实现的重要作用。重视各种生产要素的协同作用，生产出更多更好的使用价值，特别是经济全球化的条件下，必须认真研究合理的激励机制和约束机会，充分调动各种生产要素所有者的积极性和创造力，最大限度地实现商品价值。同时强化遵循国际竞争规则，使市场交易成本降到最小，从而顺利实现劳动价值。

第三节　社会主义经济实践研究

在经济体制改革开放初期对计划与价格、政治与经济关系的研究基础上，在不断推进经济体制改革的过程中，刘方棫教授对于社会主义经济运行中有关经济发展战略等重大问题进行了研究，分别提出了解决相关问题的原则与措施。

一、关于经济发展战略的几个问题

《关于我国经济发展战略的几个问题》一文发表于《北京大学学报（哲学社会科学版）》（1985 年第 6 期）。该文是刘方棫教授在前期有关研究的基础上，结合当时的经济体制改革实践与经济发展状况，针对当前亟待解决的经济发展战略提出了相应的研究观点。

（一）制定发展战略必须要立足国情坚持原则

文中首先考察了什么样的经济发展战略才是正确的，指出经济发展战略必须从本国条件出发，符合客观实际，实事求是，因地制宜。

我国当时的基本国情特点是，人口众多，劳动力资源丰富，但文化教育事业发展不够，劳动力素质低。国土幅员辽阔，自然资源丰富，但大多数资源及产品若按人口平均，优势就没有了。先进的社会主义制度已经建立，开始实行有计划的商品经济，但经济体制还不够完善。经济建设已具备一定的规模，人民的物质与文化生活有了明显的改善和提高。闭关自守的封闭状况已被开放的对外方针取代，外资可以引进，但吸引大量外资的环境还不完善，行政手续烦琐，而且政策不具体。

刘方棫教授指出，为探索与制定科学的经济发展战略，必须依托科学理论，形成正确的指导思想。首先，必须认真贯彻马克思主义生产与消费的同一性和社会主义再生产的良性循环原理，正确处理积累与消费、生产和生活的关系。消费是整个社会经济效益的检测器，又是国民经济实现良性循环的指标器。我们必须克服把消费与生产割裂开来、对立起来的强调多积累、少消费的错误观点，而要把消费与生产统一起来，促进社会主义经济良性运转。

其次，必须坚持马克思主义社会再生产理论及其在实践中的新总结。不但要从数量上和速度上，还要从质态上和结构上考察再生产运动变化，把速度、结构、经济效益和社会效益统一起来，纠正片面追求产值和速度的有害思想。

再次，必须坚持环境作用与社会分工的原理。环境可以分为自然环境、经济环境、社会环境和地理环境四个方面，环境是制定生产力发展战略的重要依据之一。而社会生产分工可以使一个地区、国家在世界经济发展中实现经济专业化生产，使产业结构更适应世界市场需求而趋于国际化、合理化。

最后，必须坚持社会主义社会中经济规律体系的作用与要求原理。制定科学的经济发展战略，应该通晓社会经济发展的客观规律，科学地预见经济生活的发展趋向，加强经济规律间的相互融合。

（二）制定经济发展战略的具体遵循

经济发展战略是对经济发展全局做出的筹划和指导，其重要内容就是根据实际条件，规定一个较长时期内经济发展的基础目标和达到目标的手段，包括战略的主攻方向、重点，实现的步骤、途径和措施。战略目标是整个经济发展战略的核心部分，目标确定适当，直接关系到经济发展进程以及人民群众物质文化生活水平的持续提高。

刘方棫教授指出，在制定具体经济发展战略时，要充分考虑地区的不平衡和部门之间的发展不平衡，充分考察实现战略目标的各个生产要素形成时间和运行时间的不平衡，一定要区分轻重缓急，部署好项目安排的时间次序。

为确定适当的经济发展战略，刘方棫教授认为，要从以下方面入手：

第一，在战略目标上，要从片面追求经济增长速度，转变为在经济增长的基础上逐步满足人民日益增长的物质和文化需要，调整好产业结构，重视发展消费品生产和第三产业。

第二，在速度和效益的关系上，要从过去片面追求数量和产值，转变为以提高质量和经济效益为中心，处理好质量与数量、效益与速度的关系。

第三，在计划比例上，要从片面突出某一重点的不平衡发展战略，转变为抓综合促平衡的全面发展战略，处理好重点发展与综合平衡的关系。

第四，在扩大再生产的途径上，要从过去一味搞外延式发展，转变为内涵式发展，更多注意企业的“挖、革、改”。

第五，在人力物力的开发上，要从过去只重物质技术基础和建设，忽视人力开发，转变为人力物力资源并重。

第六，在对外关系上，要从闭关自守、自我封闭，转变为坚持对外开放的战略，处理好自力更生和争取引进的相互关系。

第七，在经营管理体制上，要从盲目追求“一大二公”搞绝对集中、排斥市场机制、吃大锅饭的体制，转变为以国营经济为主体，实行多种经济形式并存、政企分开，贯彻集权与分权、计划与市场相结合、反对平均主义的新体制。

第八，在人口问题上，要合理控制人口数量，提高人口质量。

刘方棫教授最后强调，在发展经济的过程中要深入推进改革经济体制，努力革除现行体制中束缚生产力发展的各种弊端，逐步建立充满活力和动力的各项管理体制，要求在实践战略中合理确定经济增长率，力求稳妥、积极、留有余地，保证改革有一个良好的经济环境。

同时，经济发展要充分利用外部环境，不能闭关自守，要对外开放，积极开展对外经济技术交流，善于利用国外的经济信息、投资与市场。强调经济发展战略必须“面向世界，面向现代化，面向未来”，从世界经济这个大系统出发，处理好在世界“力场”中的战略地位、作用和反作用等问题，确立并发挥优势。

二、对社会主义工业化问题的再认识

《对我国社会主义工业化问题的再认识》一文发表在《北京大学学报（哲学社会科学版）》（1988 年第 6 期）。随着 1984 年城镇经济体制改革全面展开，经过数年较为快速的经济发展，发展工业化成为国家面临的重要任务。刘方棫教授在文中指出，发展大工业是建立社会主义社会的物质基础，但在中华人民共和国成立初期人们对发展大工业的认识并不全面，因而需要对影响工业化发展的诸多问题予以澄清。

（一）工业化绝不可在短期内完成

刘方棫教授首先强调，工业化是一个贯穿社会主义初级阶段的历史任务，远不是一两个五年计划就能完成的，尤其是在当时一穷二白的经济发展基础上。

在社会主义初级阶段发展工业化是一个长期的历史任务。我国是一个起点低的社会主义国家，有两大突出表现，即起点上的超前性以及历史上的超前性。而正是因为有这两项突出表现，决定了工业化是一个长期性的任务，不可能在短期内完成。

（二）工业化的目标是综合性的

工业化目标绝不单是个工业产量在国民经济中所占比例问题，而是一个多元的、综合的、协同的复合目标。

首先，工业化的实现过程也是生产的商品化过程。中华人民共和国成立以来实施“计划第一、价格第二”，排斥和限制市场机制，强化行政和计划对经济的干预，束缚和限制生产的商品化。但商品经济是社会主义发展不可逾越的历史阶段，是实现社会主义工业化的必由之路。

其次，工业化过程也有赖于生产社会化。生产的社会化，意味着生产要素的来源、加工与使用，产品的交换与市场日益超越狭窄的范围和地区，越来越成为更大的范围和更深的分工协作的组成部分。实现工业化必须通过生产社会化，打破生产要素组织的封闭，开展广泛的分工与协作。

最后，工业化过程也必然是一个生产的现代化过程。现代化意味着需要采用最先进的科学技术装备国民经济各个部门，要瞄准当代世界最先进的科学管理和生产力发展水平。

（三）工业化要解决的突出问题

工业化并不单是一个只确立大机器工业体系的问题，还有对农业和其他部门技术改造的实现问题，特别是农业人口向非农产业部门的转移问题任重道远，必须认真解决乡镇企业的发展、实现城镇化以及就业问题。

总而言之，工业化必须同生产的商品化、社会化、现代化相提并论，统一协调发展。科学认识工业化、实现工业化，是我国社会主义初级阶段发展的历史课题，科学认识工业化对于促进经济全面协调可持续发展具有重要意义。

三、治理、整顿、改革存在的难点及解决思路

《我国治理、整顿、改革的成就和存在的难点及解决的思路》一文发表于《北京大学学报（哲学社会科学版）》（1990 年第 6 期）。文中针对 1988 年经济过热后采取的治理、整顿与改革存在的难点问题，提出了解决思路。

由于 1988 年价格体制改革急于求成，为价格体制改革“闯关”而在条件尚不成熟的情况下推进价格改革，结果导致抢购潮与较高的通货膨胀率。为治理过高的通货膨胀，1988 年 9 月召开的十三届三中全会实施了“双紧”方针，对过热经济予以治理整顿。该文正是在此背景下完成，探讨了当时治理、整顿、改革取得的成就以及尚存在的难点，并提出了解决的思路。

（一）存在的问题及原因

刘方棫教授在文中首先指出，自十三届三中全会实施强有力的“双紧”方针以来，治理、整顿、改革取得了有效的成果。过快的经济增长率被抑制，同时避免了经济萎缩，社会经济结构合理调整

正在起步，社会有效供给明显好转，总供给与总需求矛盾有所缓解，尤其是物价涨势趋缓。虽然经过整治后经济有所好转，但深层次上的问题比如国民经济结构调整优化和经济运行不理想、国家财政金融面临严峻困境等仍然存在，需要通过进一步整治和深化改革加以解决。

经济面临的问题和难点包括，人口膨胀和就业压力越来越大。尤其是面临较大的就业压力，社会总需求大于社会总供给的矛盾仍未得到根本缓解，国民经济中扭曲的经济结构仍有待进一步合理调整，社会经济效益下降没有得到根本扭转，财政困难资金紧缺状况依然存在，金融形势也较为严峻。此外，存在平均主义和分配不公并存等现象，进一步加大了深化经济体制改革的难度。

之所以存在以上问题，关键在于决策和指导思想急于求成，片面追求增长速度而忽视经济效益，导致经济不断增温，投资和消费需求急剧膨胀，社会总供求更加失衡。社会对科学技术与教育水平适度超前可以推动经济增长和发展的必要性还缺乏共识。在政策和措施出台方面未能成龙配套，时序不衔接，机会不协调，往往导致不同政策之间的作用相互抵消。

此外，体制改革理论落后于实施，某些目标模式理论上模糊往往使措施步入歧途，尤其是对于市场取向上是搞完全自由的市场经济，还是计划调控的市场调节存在较大争议。而且由于当时存在体制缺陷、新旧体制在转轨时期并存导致的经济利益摩擦等，都是导致相关问题的重要原因。

此外，利益主体分解和多元化的体制，也是当时总供求失衡、社会行为约束机制不硬的一个基本根据。之所以存在供求失衡，一是因为社会有效供给不足，二是因为社会总需求过快膨胀。企业行为存在短期化，企业动力机制与自我约束机制没有相互制衡，改革环境不规范、财政预算约束软化以及企业风险约束不硬等，导致企业的生产资金消费化和追求消费趋向，企业更多热衷于追逐短期行为。

（二）解决问题的对策措施

为有效解决以上问题，刘方棫教授指出，需要从以下方面着手予以解决：

第一，处理好稳定和改革、发展的关系。要在改善产业结构、技术结构、基础结构、产品结构的基础上，保持一个适当的增长速度。要保持物价的基本稳定，把物价上涨率控制在一位数以内。适当提高国民收入中财政收入的比例，适当提高中央收入在财政收入中的比例，以增强中央财政的调控能力。构建有效的宏观调控机制，逐步从直接控制为主过渡到间接控制为主，以行政手段为主过渡到经济手段为主，由粗放型的经济运行过渡到集约型的经济运行。

第二，规范和改善宏观调控机制。在财政体制下要适当放权，逐步让地方和企业成为投资主体。金融体制上，实行中央银行的垂直领导，增强利率参数对资金供求的调节，建立正常的货币发行和投放的程序与立法。逐步健全市场运行机制，理顺价格关系。充分发挥产业政策在结构调整中的关键作用。

第三，深化企业改革，重新构造微观经济的内在机制，促进企业行为的合理化和规范化，不断提高企业经济效益、扩展财源。推动企业独立自主经营，防止企业行为短期化，保证必要的生产资金规模，增加自身资金的积累。企业要不断改进技术、更新设备、扩大生产要素的集约经营和优化组织，保证企业旺盛的活力和良性运行。合理构造企业内部机制，明确产权关系，实现利税分流、政价目表脱钩，企业与国家克服行政干预与依赖关系，成为动力与约束相制衡的自主经营、自负盈亏、自我发展和自我约束的企业。

总体而言，为有效解决经济运行中存在的问题，就要通过强化宏观调控体系与能力，使企业有一个规范的外部环境，同时又具有发展与约束机制相互制衡的微观经济基础，这样就可克服目前各种上述矛盾，实现社会总需求与总供给的基本均衡，消除体制缺陷引发的新旧体制间的摩擦，确保国民经济在深化改革中持续稳定协调发展。

四、发展住房与轿车的对策和思路

（一）中国居民住房的现状、问题及对策

《中国居民住房的现状、问题及对策》一文发表于《消费指南》（1996 年第 4 期）。随着经济体制改革的不断深入以及居民收入水平的持续提高，公众对改善住房的需求不断提升，在当时经济社会发展过程中也需要通过发展住房消费以实现消费升级。住房是消费的存在空间和载体，如果说老百姓“以食为天”，那么“以居为地”也在情理之中。住房条件直接决定着老百姓的消费水平和生活质量。正是在此背景下，刘方棫教授探讨了发展居民住房的对策措施。

刘方棫教授指出，长期以来，城镇住房被习惯地认为是一种凭权力、年资、工作单位和岗位实行行政分配的福利，这加剧了“分

配不公”，使社会问题更加突出，住房建设陷入困境。带福利性的低租制和行政分配的供给制，违反了住房商品的再生产运行规律，束缚了建筑业和房地产业的开发与发展，使其在国民经济中应起的支柱作用和乘数效应近似于零，甚至为负数，既恶化了国家财政，又助长了消费者的福利观念，即无休止地依赖行政分配。

当时住房改革已形成一整套切合国情民情的改革目标思路与策略，至2000年要建立适应社会主义市场经济体制要求的城镇住房新体制，即把住房建设投资由国家、单位统包的体制改变为国家、单位和个人三者合理负担的体制。建立以中低收入家庭为对象、具有社会保障性质的经济适用住房供应体系和以高收入入家庭为对象的商品房供应体系。建立住房公积金制度。发展住房金融和住房保险，建立政策性和商业性并存的住房信贷体系。建立规范化的房地产交易市场和发展社会化的房屋装修、管理市场，逐步实现住房资金投放产出的良性循环，促进房地产业和相关产业的发展。

要深入推进住房制度改革，关键是变福利性供给制住房为买卖性的商品住房。一是要适度提高房租租金，以适度回收投资和维修费用，盘活建筑业和房地产业。二是要提高老百姓的购房意识，扩大住房的销售。三是要推行住房公积金制度，调动消费者、单位集体和政府三方面的积极性，改善住房资金的筹措和使用，为住房商品化提供市场。

为鼓励购买住房，刘方棫教授建议：第一，改变“租价低、房价高”比价不合理的现状，逐步提高房租。第二，实施“低价住房工程”“康居工程”，降低商品房售价。第三，积极开展购房信贷，实行适度的按揭、赊销、分期付款、抵押贷款优惠。第四，大力改善住房设计，降低成本，减少装修浪费。第五，规范商品房市场交易行为，保护消费者权益。

（二）中国轿车的现状、问题及对策

《中国轿车的现状、问题和对策》一文发表于《消费指南》（1996年第7期）。在当时我国轿车行业发展尚在起步阶段，刘方棫教授就敏锐地认识到发展轿车行业对于促进消费升级与拉动经济发展的重要作用，在此认识基础上提出了促进轿车行业发展的相关对策。

刘方棫教授指出，拥有轿车既是家庭生活的需要，也是国民经济发展的需要。中国经济发展和产业结构调整进入了一个崭新的关键阶段。轿车是消费升级的重要内容，大力发展轿车行业势在必行。汽车工业是国民经济的支柱产业，也是转换工业消费结构的需要。但促进轿车消费受到轿车价格、居民收入和轿车行业发展战略的影响，此外需要观念更新和政策配套。

刘方棫教授强调指出，同一切发展中国家一样，在中国轿车进入百姓家是必然需要，但有一个过程。要把发展轿车行业纳入城市建设发展的总体战略中予以通盘考察安排，以迎接“中国汽车世纪”的尽快到来。

五、三位一体经济增长点：住房、公路、轿车

《住房、公路、轿车：三位一体的经济增长点》一文发表于《汽车与社会》（1998年第7、8期）。1998年，我国刚刚经过为期三年的高速通货膨胀，通过加强宏观治理，扼制了通货膨胀的势头，但经济又陷入了通货紧缩。当时为治理通货紧缩、拉动经济增

长，国家推出了包括轿车消费在内的诸多消费热点。刘方棫教授针对当时的经济发展状况，提出了促进住房、公路、轿车三位一体的促进消费拉动经济增长的建议。

（一）如何确保低通货膨胀下的高增长？

改革开放以来，我国数次经历了通货膨胀与增长矛盾的两难选择。尤其是1992年确立社会主义市场经济体制改革后，经济陷入高速通货膨胀。随着经济体制改革的逐步深入，尤其是深化金融、财税、外贸、投资四大体制改革，我国经济在1997年成功实现“软着陆”，但此后陷入通货紧缩。

刘方棫教授指出，如何保持投资需求和消费需求的快速增长，从而保证适度的经济增长，是需要认真解决的问题。要保持一定的经济增长率，需要选择有效的产业政策，加强结构调整，培育经济增长点。

就投资结构与消费结构的相互作用而言，虽然投资结构及其变化决定了未来一段时间的消费结构，但消费结构变化有其内在规律，而且消费结构变化是投资结构变化的基本动力，要根据其变化来调整投资结构。随着消费结构的逐步演进，住房、公路、轿车也将成为投资热点与消费热点。

（二）住房、公路和轿车将成为扩大国内需求的支撑点

消费结构升级过程中需要住房和包括公路、轿车在内的交通产业发展，同时保持在较低通货膨胀率下的经济增长，并且经济增长速度要适度。

这样是否可能？答案是可能的，但是要通过推出相关经济增长

点，以实现较低通货膨胀率下的适度经济增长率。而途径就在于，通过发展住房、公路、轿车并促进其三位一体发展，在较低通货膨胀率下保持一定的经济增长。

刘方棫教授指出，发展住房、公路、轿车符合市场需要的变化趋势，符合消费结构发展规律，不仅是必要的，而且是可行的。当前城市居民的消费潜在购买力非常惊人，住房、交通产业完全可以发展。而之所以在过去长期未能发展，与经济发展水平低下有关，但同时也存在其他一些原因，包括住房、轿车发展战略选择有问题，市场制度未能建立，需求和供给双方的市场主体地位没有形成，消费政策不明确等。

（三）相互促进、相互制约：住房、公路、轿车三个产业的联系

刘方棫教授认为，住房发展的模式选择是住房郊区化、郊区城市化。发展住房产业除了产权制度、经营体制、融资体制、价格形成体制等多方面问题，住房郊区化的发展方向也非常重要。推动住房郊区化和郊区城市化的主要原因是城市人口的快速增长与城市中心有限空间的矛盾，以及因此而形成的地价不断上涨。

要使住房郊区化与郊区城市化得以实现，必须发展轿车产业，让城市人口向郊区扩散，通过私人轿车和发达的公路体系使时间换空间成为可能。没有轿车产业的支持，郊区住房卖起来困难，住房市场和住房产业难以发展起来。

轿车行业的发展也需要住房产业的发展。住房郊区化和郊区城市化又将刺激更多的居民追求更高的生活质量而购买轿车，而轿车

则需要停车场、车库、加油站等配套设施。

与此同时，住房、轿车都需要公路的快速发展。公路发展缓慢不仅阻碍了轿车的发展，而且阻碍了住房郊区化、郊区城市化的进程。

刘方棫教授强调指出，住房、公路、轿车是一元化互动的，相互促进而又相互制约。轿车的发展将增加对公路的需求，并推动住房郊区化和郊区城市化，住房郊区化和郊区城市化又推动公路和轿车的发展，而公路的发展又可促进住房郊区化，推动轿车业发展。因而住房、公路、轿车的发展必须通盘考虑，不可将三者分割开来，而应协调发展，不可扬此抑彼。

（四）协同发展，既靠市场机制，也靠政府引导

对于有效促进住房、公路、轿车协同发展，既要靠市场机制，也靠政府引导。具体而言，需要以下对策：

1. 充分发挥市场机制的基础作用

首先，投资方式证券化，投资主体多元化。住房、公路与轿车作为资金密集型行业，建设周期和投资回收期都比较长，非常适合证券化融资。

其次，运行市场化。要建立一套界定清晰，受到法律保护和监督、可以确保实施的产权体系，切断居民对就业单位的住房依赖，让住房的最终消费者直接走进市场。

汽车定价需要合理化，开放品种以满足不同消费层次的需要，切实降低和减少附加在汽车流通领域的不合理费用，地方政府要彻底摒弃与市场经济原则相违背的地方保护主义。

公路收费要取消对汽车免费使用道路的补贴，摒弃地方保护主义和部门利益主义，对道路使用实行统一收费。通过道路所收的费用，需要流向道路的建设，保证道路使用与建设中的资金良性循环。

最后，大力发展消费信用。通过多种融资渠道，扩大抵押贷款资金来源，开展多种抵押贷款服务，提高居民支付能力。引入社会化的抵押贷款担保和保险机制，以促进形成消费力。

2. 政府引导是关键

住房、公路、轿车一元化发展，要把握方向、循序渐进，不可操之过急。要调整决策指导思想，不能把住房、轿车当作不适合中国国情的奢侈品予以限制。要充分认识三者间的内在逻辑关联性，推动实现三者相互促进、相互制约。当前住房方面主要解决住房需求和供给的市场主体地位的确立，轿车方面要解决市场环境、市场结构和分期付款的问题，公路方面则应侧重于公路融资和有偿使用的问题。

需要对消费政策适当予以调整。居民消费中万元以上、十万元级的耐用消费品出现某种断层，住房、轿车出现消费障碍，需要加强消费政策的引导和调整，需要金融、物价、财税等多方面的合力。金融政策主要指消费信用，物价政策是住房、轿车中价值构成有待合理化。尤其是在当前消费需求不旺，且个人收入申报机制不健全时，金融政策作为一种短中期政策，减免用于购房和购车的个人收入所得税和消费税，不得重复征税，而要使缴税比率保持在一个适当的范围内。

在当时确立社会主义市场经济体制改革目标不久、经济体制尚未深入推进时，随着宏观经济运行出现通货紧缩及消费升级缺乏热点等突出问题，刘方棫教授及时提出住房、公路、轿车三位一体，既有效拉动消费促进、消费升级，又促进经济增长的对策措施，这一对策如能得以顺利实施，对于尽快有效促进消费升级、使经济走出通货紧缩无疑具有重要意义。但实际上在当时由于多种因素的影响，我国尚不具备有效促进住房、公路、轿车三位一体有效发展的宏观环境。虽然刘方棫教授提出的这一政策稍显超前，而此后住房、公路与轿车的快速发展，无不验证了他所提出对策的正确性与预见性。

六、扩大汽车消费的政策环境的研究

刘方棫教授继 1998 年提出住房、公路、轿车三位一体的经济增长点后，1999 年针对当时汽车消费受到诸多约束的情况，对如何扩大汽车消费完成了一项研究报告，对于进一步有效改善汽车消费环境、促进汽车消费提出了对策措施。

（一）发展汽车消费面临的瓶颈与约束

刘方棫教授认为，汽车工业发展的关键在于汽车消费政策改善，进而为汽车工业发展创造适宜的市场。从经济发展的一般规律来看，世界主要经济发达国家在工业起飞期间，都伴随汽车工业的高速增长成长起一批著名的汽车公司和品牌，并继续激烈争夺世界汽车市场，国际汽车垄断厂商的兼并活动愈演愈烈。

刘方棫教授指出，当前居民消费力大为增强，正处于一个从耐用电器消费向汽车、住宅消费的跃升阶段，或者说正处于一个跃升前的蓄势待发的阶段。供求关系的变化理应找到一个消费的契合点，带来持续的车市旺销。中国有着巨大的汽车潜在市场，对于国民经济的增长以及就业和社会稳定都有重要的意义。

但由于汽车消费的政策环境分割和挤压了市场，提高了消费的隐性成本，增加了消费的难度，消费者在进行购买决策时考虑的不仅是一次购买时的价格，而且是获得及使用产品的全部成本和收益的对比。

不适宜的消费环境，提高了消费者对于汽车消费的成本评价，降低了其收益预期，从而削弱了其购买欲望，阻碍了其购买决策的形成。正因为如此，汽车消费受到了较大的阻碍，难以有效形成汽车消费的热点。而当前汽车消费的政策环境已经成为制约汽车消费进而是汽车生产的最严重的非技术因素，作为制度瓶颈，必须通过体制改革加以调整和规范。

刘方棫教授认为，中国存在世界最大的潜在的汽车消费市场，而当前这一市场活力并没有被释放。除了由于对收入预期以及同类汽车价格较高，汽车消费使用环境、条件及相关的各项政策也严重影响了汽车消费的释放。汽车需求被压抑，是客观环境、条件及相关政策制约的结果，使中国汽车市场的现实需求被抑制为潜在需求。

因而，促进汽车消费的关键是改善汽车消费使用环境，以释放汽车的潜在需求，从而拉动内需，使国民经济适度增长。

汽车消费对于环境有较高的要求，受到硬环境与软环境的双重约束。硬环境因素如人口、土地资源、交通基础设施、城市建设格局、环境污染等；软环境因素如税费、金融政策、城市规划、交通管理、污染控制政策等。

对于汽车消费，客观上存在一个社会的承受问题，只有在社会承受能力许可的条件下，汽车的市场培育和产业发展才有可能。而汽车消费处于较低水平，汽车的增容还有相当潜力可挖。

扩大汽车消费需要软硬环境的同时改善，而软环境的改善在当前尤其具有重要的意义，在改善自身的同时也有利于硬环境的优化。税费和金融环境的改善将有利于迅速释放潜在的汽车消费力，形成鼓励购车、方便购车、车价负担合理的消费环境，使购车在经济上可行并逐步进入中等收入阶层家庭的决策。软环境的改善属于政策与制度领域的变革，对于多个宏观经济管理主、多项政策领域提出了挑战，必须在科学决策、协调配合条件下进行。

汽车工业的发展壮大是综合国力的具体体现。发展汽车工业是发展经济、解决就业的重要途径。没有汽车消费的广阔市场，就没有汽车工业的发展。而且汽车工业将作为国民经济的支柱产业长期存在，而加入 WTO 后将使汽车业面临巨大挑战，占领本土市场才能开拓海外市场。

刘方棫教授指出，做大汽车市场是发展汽车工业的关键。中国潜在的汽车市场是发展汽车的良好条件，当前扩大汽车消费的基本条件已经成熟。近期汽车消费使用环境有所改善，汽车消费环境的改善使汽车在各方面的饱和容量大大扩展，有助于汽车业获得经济规模。与此同时，汽车在经济上的和环境上的容纳能力会进一步提高，为汽车业的远期发展提供足够的市场需求。

（二）改善汽车消费政策环境、扩大汽车消费的对策

改善汽车消费环境的改革应坚持一定的原则：一是发展为主，控制为辅；二是分阶段、分地区的区别政策与全国统一的政策相结

合；三是改革的内容以集中合理释放消费需求，重在以适当的税费、金融政策，释放和提前释放潜在的消费需求。在城市规划、交通管理、污染控制上采取科学合理的管理手段，加大高科技含量，增大汽车的环境容量。

为有效扩大汽车消费，具体而言有以下政策建议：

1. 改革汽车税费政策

税费改革，就是要廓清税费收取支出名目及流向，规范资金管理，堵住税费流失漏洞，形成“薄赋轻徭”，激励汽车生产和消费适度增长，促进交通与环境改善能力协调发展的局面。

取消不合法不合理的收费项目，将具有税收性质的收费改为税收，将不体现政府职能的收费改为经营性的收费。制定有关办法纳入管理，依法纳税，保留必要的政府收费，但不得随意提高标准。

汽车税费改革应遵循的原则包括财政原则、经济增长原则和减赋原则。

所谓财政原则，即税费结构形成以税为主、以费为辅的格局，税费设立遵循公平合理、透明、简化、易于征管的原则，权限划分应与各级政府所承担的义务相匹配，征收和使用要利用市场机制，减少征税成本，遏制腐败现象，并采取分散化、多渠道、合理结构的税费原则。

所谓经济增长原则，即税费结构和额度应鼓励汽车购买，不宜限制汽车使用，实施分阶段征税。确保汽车收费专款专用。

所谓减赋原则，即将汽车作为普通商品看待，减少不合理收费和重复收费，整体上减少汽车工业税费负担。同时税费设置种类和额度有利于环保。

2. 改善汽车消费的硬环境，解决城市交通问题的系统对策

解决城市交通，需要从“三个层次、两个方面”着手。

三个层次是指从城市规划、土地利用的角度，确保交通总需求不超过城市交通容量极限；采取各种有效措施优先发展公共交通，同时确定合理的小汽车和自行车的比例，形成以公共交通为骨干，多种交通方式互相补充的大运量、快速综合的支使系统；通过提高公路容量，使现有道路交通设施发挥最大作用。

两个方面是指交通的供给和需求。必须从供求两个方面同时采取措施，在加大交通设施供给的同时，实施交通需求管理，才能达到交通供需双方的平衡发展。

3. 改善治理城市交通环境污染政策及能源政策体系

逐步严格环境保护，大力采取节能、环保新技术，改善燃油质量、采用替代能源，建立有效的机动车污染控制管理体系。

4. 制定科学的、面向中国消费现状和未来发展趋势的汽车工业发展战略

明确中国汽车工业发展的核心是轿车，轿车生产应以经济类车型为重点，建立汽车业协调发展的宏观调控机制。要实施无歧视管理和鼓励私人购车的消费政策。

建议颁布“汽车消费使用政策条例”，建议条例至少包括以下内容：各级行政管理不得限制私人购买和拥有汽车，不得对私人购买和拥有汽车采取任何歧视政策。鼓励使用小型低排量的经济型轿车，国家鼓励生产使用低污染汽车。国家鼓励汽车生产企业、流通企业及有关金融机构，联合对个人汽车消费信贷业务。建立和扩大汽车二级市场，鼓励可用的旧车流通。加强市场管理，加强新车管理。实施缺陷车回收制度。做好用车排放控制管理。淘汰不合格的旧车。

第四节　简要评价

刘方棫教授早期重点研究社会主义经济理论与实践，这对于其承上启下、深入开展消费经济学与生产力经济学研究奠定了坚实的基础。无论是对计划与价格、政治与经济，还是工业化发展战略等的相关研究，对在当时历史条件下经济发展过程中存在的突出问题，他都予以了足够的关注与研究，并发表了相关的成果，尽到了一个经济学家应有的责任。相关研究从现在的眼光来看仍有其独到的价值，而在当时刚刚结束“文化大革命”仍处于计划经济体制束缚的背景下，能做出相关的研究与论述实属不易。

对社会主义经济理论与实践的研究作为刘方棫教授研究的三大主要内容之一，从其关注的重点与研究成果而言，充分体现出在当时的经济体制与经济运行状况下，对于经济社会发展中存在的深层次问题予以的深层次思考，并极具超前意识地提出了总体以市场化改革为目标促进经济快速健康发展的对策建议。

有关对策建议现在看来仍有其重要的意义，比如进一步推进有关改革理论的研究，更有效地在经济体制过程中发挥市场化的作用等研究。更为难得的是，改革开放之初经济体制仍是社会主义计划经济体制，做出相关研究不仅需要深厚的理论功底，更需要超前的坚信市场化改革目标的意识，唯有如此才能在计划与价格、政治与经济等相关研究中提出在当时显得前卫而又符合历史潮流的对策与建议。

刘方棫教授在对社会主义经济理论与实践研究的基础上，并不满足于已有的研究，而是在研究过程中敏锐地意识到在当时经济体制下强调消费作用的必要性。无论是从经典作家研究中提出的生产与消费的统一性，还是通过提升公众消费水平进而不断提升公众生活水平的角度出发，加强对消费经济的研究都有其极为重要的理论意义与实践价值。正是出于此种考虑，刘方棫在推进社会主义经济理论与实践的过程中即关注消费问题，并在20世纪80年代之初加强对消费经济的研究，在发表相关论文与授课的基础上创立了消费经济学，并独著出版《消费经济学概论》。

第三章 CHAPTER 3

消费经济学学术思想之一

第一节 总 论

1978 年，中国社会科学院主持制定全国社科研究规划。在西北片讨论时，陕西代表何炼成教授建议，将消费经济学研究列入规划课题。此建议得到会议主持人孙冶方研究员的重视，并争取将消费经济学纳入了社科研究规划中。以这一事件为标志，预示着消费经济学研究将迎来一个爆发期。20 世纪 80 年代，消费经济学被列入经济学二级学科，全国一度掀起研究消费经济问题的热潮。

刘方棫教授对消费经济学的关注与研究很早就开始了，在发表若干有关消费经济论文的基础上，1982 年 11 月他撰写完成《消费经济学概论》初稿，此后书稿又经多次完善修改。受多种因素的影响，书稿最终于 1984 年 5 月才由贵州人民出版社出版。

《消费经济学概论》的出版与此前刘方棫教授发表的有关消费经济学的论文，对于推动消费经济学研究与学科的创建实属功不可没。在当时出版书籍极为困难的情况下，《消费经济学概论》的出版极为不易，整整历时一年半。而如此长的出版周期，不能不说是一种遗憾。

虽然《消费经济学概论》出版前也有其他消费经济学方面的著述，但它作为第一部系统著述的消费经济学著作自有其重要意义，对开创与推动这个学科的研究发挥了极为重要的作用。

一、消费经济学研究背景

正如刘方棫教授在《消费经济学概论》的序言中所说，这本书的写作始于 1980—1981 年，是他在北京大学经济系和北京经济学院政治经济系讲课用的消费经济学讲稿的基础上，经过系统思考归纳整理而成。

虽然自 1980 年起才开始讲授消费经济学课程，但刘方棫教授对这门学科的思考与研究开始得更早，至少可以追溯至“文化大革命”结束后，或者说早在“文化大革命”时期，刘方棫教授就对有关消费在社会主义国民经济中应予发挥的重要作用进行了深入的思考。经过对长期传统的计划经济体制下由于过度强调生产、忽视消费而导致的经济发展缺乏长期动力，以及人民生活水平低下等突出问题的深入思考，刘方棫教授敏锐地认识到在经济体制改革的过程中，必须改变中华人民共和国成立以来长期存在的忽视消费导致生产力及人民生活水平极为低下的情况，必须对消费予以足够的重视，必须对有关消费的重大问题予以深入研究。

在当时的历史背景下，刘方棫教授从传统经典马克思主义政治经济学生产与消费同一性的命题入手，在生产、分配、交换、消费四因素中，特别强调生产与消费的同一性，强调生产是消费、消费也是生产，生产只有通过消费才能实现，消费既是生产的起点，也是生产的终点，更是再生产的新起点，为此必须要特别重视消费对促进经济发展与改善经济结构和供给以及提升人民生活水平的作用。

刘方棫教授在较早的对社会主义经济理论与实践研究的过程中，通过对计划与价格、政治与经济等相关的研究，与在生产与消费的关系中强调消费对经济发展的作用一脉相通互为因果。也正是在前期对社会主义经济理论与实践研究的基础上，既从理论沿承与逻辑顺序上，强调消费在整个经济循环中承担着重要作用，也从实践中强调通过扩大消费、不断提升公众生活水平来为经济发展提供持久动力。

二、消费经济学研究概况

中华人民共和国成立后，理论界对消费经济学的研究总体起步较晚。正如刘方棫教授在《中国经济学的发展回顾》［载尹章义主编的《当代中国学术发展史》（台湾版·大陆篇），台北：中华综合发展研究院 2000 年版］中所说，消费经济理论是大陆经济学界长期较少关注和研究的一个领域。

在 20 世纪 50—60 年代，虽然理论研究者曾几度讨论过社会主义生产目的的问题，并将消费水平问题列入了研究人口、劳动、工资、福利等国家级的科研规划。但受多种因素的影响，从事有关研究的人员较少，研究范围较为局限，而且成效不太显著。

自 70 年代末期后，随着对中华人民共和国成立以来经验教训的总结，人们开始认识到消费理论对调整长期形成的畸形经济结构、不合理的积累和消费比例、发挥消费对生产的积极促进作用，以及改善人民生产状况等，都至关重要。

进入 80 年代后，消费经济理论研究异军突起，并获得了长足进展，主要表现为：

第一，对消费经济的研究从过去只是“擦边”“零敲碎打”的“捎带”研究，转入了专门性研究。比如理论界过去都是在讨论社会主义基本经济规律、国民收入分配、计划方法等问题时涉及消费问题，并未就消费本身开展专门研究。而此后，理论界开始对消费地位与作用、消费结构、消费水平以及消费模式等进行深入和系统的研究，使消费经济研究开辟了新生面。

第二，人们过去只认识到社会主义政治经济学中不谈消费问题是一大缺陷，应该把消费关系充实到社会主义经济关系的研究之中，开辟新的章节做专门论述，但还未把消费经济作为一门独立的经济学科加以研究。而这以后突破了以前的局限，刘方棫教授等学者开始把政治经济学里一个专门章节开辟为一门独立的经济学科，大大拓宽了消费经济问题的研究视野。在此过程中一大批消费经济学者脱颖而出，一大批学术著作纷纷面世。

此后，适应着经济体制改革的深化和发展，特别是 1992 年经济体制改革目标模式从计划经济转向社会主义市场经济之后，消费经济学研究进入一个更新的阶段。人们认识到市场经济是消费者主权型经济，是消费导向型经济，是优胜劣汰型经济，是销售效益型经济。因而不仅宏观方面的市场消费必须再研究，微观方面的市场消费问题也要研究；不仅市场消费中的中远期的前景问题、发展战略和政策问题要研究，中国市场消费热点、消费者心理和行为规律以及市场促销战略战术也要研究。

三、《消费经济学概论》出版前的有关消费研究

刘方棫教授所著的《消费经济学概论》出版于 20 世纪 80 年代

初期，正值消费经济学研究方兴未艾之即。在这本书出版之前，围绕消费经济学中的诸多重大问题，刘方棫教授即已开展了研究，并发表了相关成果。

（一）消费在社会主义经济中的地位与作用

《论消费在社会主义经济中的地位与作用》一文发表于《经济科学》（1980 年第 1 期）。早在 1980 年，刘方棫教授在研究计划与价格、政治与经济等社会主义经济理论相关主题的过程中，鉴于生产和消费的统一性以及当时在实际与理论上对扩大消费的忽视，早在 1979 年即开始研究消费在社会主义经济中的地位与作用。这篇论文就是研究消费的阶段性成果的集中体现。

刘方棫教授在文中首先强调，消费是社会主义生产的归宿、目的和动力。根据马克思生产和消费关系的原理，必须重视消费问题，面向消费生产。其次，消费是国民经济“比例的要素之一”。最后，消费状况不仅关系着政治安定，而且关系着社会主义能否从根本上予以建成。满足消费需求的问题，不是一个单纯的生活问题，也是关系大局稳定的政治问题，是涉及社会主义制度能否建成的根本问题。

从该文中可以看出，正是在社会主义经济运行中消费具有特别的重要性，必须充分重视对消费的研究。而长期计划经济体制下对于消费的忽视，使得消费研究极为滞后。对于消费的研究并不仅是撰写若干文章所能解决的问题，而必须通过撰写相关方面的研究专著，开辟一门新的学科，才能针对消费在社会主义经济运行中的重要性而予以深入研究与思考。正因为如此，刘方棫教授才围绕消费经济学的有关问题进行深入研究，并最终完成了

《消费经济学概论》。

（二）最佳消费率问题

《试论最佳消费率的选择》一文载于《经济理论与经济史论文集》（北京大学出版社 1982 年版）。早在 1982 年，刘方棫教授就探讨了最佳消费率的问题。

文中根据中华人民共和国成立三十多年来国民收入使用额中消费率增减变化的基本情况，总结了消费率变动的相应特点，解释了为何消费率低的时期生产发展缓慢，而消费率高的时期生产发展反而会更快一些，指出消费本身就是生产活动的内在要素，消费率过低会背离社会主义生产发展的根本目的，为生产而生产只能使社会生产与社会需要脱节。

消费率偏低意味着国民经济比例失调，进而抑制国民经济的高速增长。为促进经济健康发展，需要一个适度的消费率。应在兼顾国家、企业、个人三者利益，兼顾人民的眼前利益和长远利益的基础上，确定一个积累比率和消费比率的高低界限，在高低界限之间加以权衡调剂，以定出消费率的临界值。

刘方棫教授指出，消费率并非固定值，而是随着客观条件的变化而变动，消费人口的增长速度、国民收入的增长速度和人民消费水平提高的程度是影响消费率的三个重要因素。只有降低积累率、压缩基建、提高投资效果，使积累基金构成走向合理化，才能使合理消费率成为产生良好效果的最佳消费率。

刘方棫教授对于最佳消费率问题研究较早，但如何使最终消费率保持一个较优区间，这一问题至今未能解决。现在一般称最佳消费率为最优消费率。

就经济改革进程而言，在双轨制经济体制时期最终消费率保持在较高位置，在确立社会主义市场经济体制初期最终消费率仍保持在高位。自2000年受过于强调发挥投资与净出口拉动经济增长作用的影响，最终消费率保持了一个较长时期的连续下降趋势，虽然近年来有所提升，但仍处于一个较低的水平。在新时代新常态下，尤其是在国内大循环过程中，如何不断发挥内需拉动经济增长的作用，使最终消费率保持在较高位置，是一个亟待解决的重大问题。

（三）消费水平的衡量标准及合理标志

《论消费水平的衡量标准及其合理的标志》一文发表于《财贸经济》（1982年第3期）。刘方棫教授在这篇文章中指出，消费水平是反映整个经济活动的综合成果和最终目的的集中体现，合理的消费水平必然具备多方面的标志和特征。探讨消费水平衡量的全面标准及其合理的标志，对于提高消费水平具有重大的经济和政治意义。

合理的消费水平应该建立在本国物质条件的基础之上，同生产发展水平相适应，应该着眼于对自然资源的合理利用，要为人们带来物质上的丰裕和精神上的富有，有助于人的自由全面发展，以及增进消费者的身心健康和社会进步。同时要考虑消费水平的最低界限与最高界限，从新增人口和新增劳动力需要出发，满足积累的最低标准。

（四）“小康水平”的需求结构与产业结构

《“小康水平”的需求结构与产业结构调整对策》一文发表于《经济问题》（1983年第10期）。自国家提出小康水平的建设目标后，刘方棫教授即对小康水平所应达到的消费需求结构进行了研究。

该文从产业的生产结构与需求结构相关性的角度，考察2000年小康社会的需求结构前景以及由此制约的产业结构的调整对策。刘方棫教授强调指出，需求结构是一定的产业结构和产品结构是否合理的根本前提。需求结构的变动，是修正生产和计划指标的根本依据。通过一定的消费结构和消费行为，不断提出各种新的需求和需求结构，才能为进一步健全完善更合理的生产结构提供信息和条件。

一定的产业结构是一定的需求结构作用的产物，需求结构对产业结构有直接的规定性，同时一定的产业结构又会反过来给需求结构的规定性以积极的影响。因此要充分地借助消费的需求信息的反馈，把供给和需求密切地衔接好。

刘方棫教授指出，要从小康社会的战略需要出发，抓好满足需要的关键环节，选准突破口，带动全面；调整好企业组织结构，努力发展名牌消费品生产，以其为中心，组织各种形式的生产联合体，把消费品的数量、质量搞上去。

刘方棫教授以上有关消费的相关研究，既是相对独立的研究，也构成了消费经济学研究中的重要部分。正是在相关消费经济研究的基础上，刘方棫教授独立构建了一个完整的消费经济学体系，即《消费经济学概论》这本书中所呈现的。

第二节　《消费经济学概论》简介

一、《消费经济学概论》概况

刘方棫教授所著《消费经济学概论》，由贵州人民出版社于1984年5月出版。

全书除前言外，共四篇八章。

第一篇为总论。包括第一章“消费经济学——经济学的一门新的学科”。

第二篇为消费关系。包括第二章和第三章“消费在社会主义国民经济中的地位与作用”（上、下）。

第三篇为消费力及其合理组织。包括第四章“消费力的矛盾运动及其合理组织”，第五章“消费结构与消费的社会化”，以及第六章“消费水平的合理界限及提高消费水平的基本途径”。

第四篇为资产阶级消费经济学考察。包括第七、八章“对资产阶级消费经济学的评介”（上、下篇）。

著名经济学家陈岱孙教授为《消费经济学概论》作序。陈岱孙教授在序中指出，消费在政治经济学中的地位曾经是一个不十分确定的问题。萨伊把政治经济学划分为三个部分即生产、分配与消费，后来詹姆斯·穆勒加上交换，成为四分法，即生产、分配、交换与消费。不过在很长一段时期内，消费却被排斥在经济分析领域之外，但是绝不能由此而认为消费在资产阶级政治经济学中是一个无足轻重的问题。在社会主义经济学中也存在忽视消费的观点，对消费经济分析的忽视，不但在理论上是一大缺陷，而且在实践中要付出高昂的代价。

陈岱孙教授指出，刘方棫撰写的《消费经济学概论》，着重考察了消费在社会主义经济中的地位与作用，无论在理论与实践方面都提出了值得思考和应该研究的问题。该书将有助于从理论及其与实践结合的基础上，认识若干现实问题的症结所在，有效加强对消费在经济运行中作用的认识，从而进一步认识十一届三中全会以来党的一系列战略决策的正确性，并充分发挥消费促进经济发展的作用。

二、什么是消费经济学

所谓消费经济学，就是以劳动者的个人消费为研究对象主体，以政治经济学理论为研究基础，以社会主义消费实践为研究依据，以辩证唯物主义和历史唯物主义为主要研究方法，对消费在国民经济循环中的地位与作用、消费的性质、消费力、消费率、消费行为、消费结构、消费服务、消费水平等问题进行研究的科学。

有效加强消费经济学研究有其特别重要的现实意义。正如刘方棫教授在《消费经济学概论》的序言中所指出的，从实践上看，大力发展消费品生产、改善人民的物质与文化生活，已是当前关系我国全局的一个战略性目标问题。而更为重要的是理论问题，长期有意无意地遵循苏联那种重积累轻消费以利于重工业化发展的模式，长期忽视对于消费与消费机制的研究，甚至消费问题在相当长时期内被视作节省美德的对立面而成为研究禁区，这不但是经济学研究中的一大弊端，而且在实践中导致了较为严重的后果。

长久以来，在计划经济体制下人们已习惯于计划什么就生产什么，生产什么就卖什么，卖什么就消费什么。不但消费品供给受到计划的严格限制，而且受低工资、票证配给制的约束，消费品需求也受到了极大的压抑。正是在计划经济体制下长期对消费的忽视、轻视，导致了较为严重的供给长期滞后于需求的后果。在改革开放之初拨乱反正后，理论和实践都要求必须深入开展消费理论研究，进而要加强消费经济学的研究。

消费经济学研究的任务，首要是运用马克思列宁主义消费理论，总结我国社会主义建设中消费领域的实践经验，研究消费在社会主义再生产中的地位和作用，提高人们认识与运用消费机制及其运动规律的自觉性。同时研究和借鉴国外有关市场消费问题的一般学说，结合国情和特点探求为我所用的特点和原理，更好地揭示消费机制及其活动规律。

理论来自实践，又反过来指导实践。在掌握和运用马克思主义关于消费的一般原理、分析借鉴国内外正反面的经验的基础上，消费经济学要为制定经济社会发展战略目标以及实现这些目标的消费计划、方针、措施、决策等提供科学的依据。

刘方棫教授对消费经济学的研究，是与其对社会主义经济理论与实践以及生产力经济学的研究紧密相连的。正是在改革开放之初对社会主义经济理论与实践深入研究的基础上，刘方棫教授深刻认识到消费在生产中的作用被大大忽视而且消费理论研究尤为滞后，在这种背景下，刘方棫教授在教学中授课以及理论研究的基础上，完成出版了《消费经济学概论》。

《消费经济学概论》从生产与消费、消费力、消费水平、消费结构等多个角度深化和加强对消费理论的研究，对不断拓展消费经济学研究、探讨消费变动的规律与发展趋势，尤其是更加充分地发挥消费对促进经济发展中的作用，做出了极为卓越的贡献。

刘方棫教授在改革开放之初对消费经济学进行的高屋建瓴的战略性研究，不仅对开拓丰富完善具有中国特色的社会主义经济学理论，而且对充分发挥消费拉动经济发展的重要作用，具有特别重要的理论意义与实践价值。刘方棫教授的《消费经济学概论》所奠定的消费经济研究的框架与理论体系，以及研究方法与理论观念，为创立消费经济学这门学科以及不断深入拓展其研究，奠定了坚实的理论与实践基础。

刘方棫教授特别指出，研究消费经济学要广泛借鉴国外的消费理论与学说，为我所用。在当时西方经济学研究尚未完全开禁、只能是批判吸收的情况下，《消费经济学概论》专门辟出一篇深入考察了资产阶级消费经济学说，广泛研究借鉴了西方经济学家的有关消费学说。这在当时的历史条件下实属不易，也足以显示出刘方棫教授兼收并蓄的胸怀与意识。

在《消费经济学概论》以及后续的相关消费研究基础上，刘方棫教授深入探讨并提出了消费力这一研究消费经济学具有十分重要的概念，研究了消费水平、消费结构、市场消费战略、最佳消费率等重要内容，不断丰富发展完善了消费经济学这门学科。

随着经济体制改革的逐步深入以及经济的不断发展，刘方棫教授根据当时最新的经济发展实践以及理论进展，深入开展消费研究，在20世纪90年代我国确立社会主义市场经济体制改革目标的背景下，及时深入研究社会主义市场经济体制下的市场消费战略问题，充分强调了消费在经济发展中的重大作用，并提出了符合当时实践的市场消费战略。

第三节　《消费经济学概论》学术思想

一、消费经济学的研究对象与方法

（一）什么是消费

刘方棫教授指出，消费是人类社会客观存在的经济现象，是指人们把生产出来的东西消耗、用掉。但是使用的行为不一定都可以算作消费的行为。

马克思主义理解的消费，专指使用人们劳动的产品而言，这里不包括生产出来的不能消费的废品。产品不使用，不进入消费过程，就失去了生产它的意义。消费就是人们把自己劳动生产出来的产品用掉，以满足自己生活需要的行为。消费是使人获得全面自由的发展，提高自己的能力、积极性和生产素质的积极行为。

消费，从广义上说，包括生产消费和个人消费两个方面。生产消费，是指物质资料生产过程中的生产资料和活劳动的使用与消耗。这里的消费是狭义上的个人消费，是指人们把生产出来的物质资料和精神产品用于满足个人生活上的需要的行为与过程。

从整个社会不断进行的再生产过程来看，个人消费并不只是简单的私事。个人消费总是同一定的社会生产、分配、交换活动有着不可分割的内在联系，受一定的生产、分配、交换的决定，同时又反作用于整个生产和再生产过程。

消费在一次循环中，是前三个环节前进的“终点”。但是从动态上考察，消费又是下一次循环的“先导”。消费环节的特点在于，一方面，它从人们获得消费资料的满足程度上和取得的服务方式及水平上，体现整个社会生产各个环节的总成果。另一方面，它又检验着各个环节运行的状态和效率，并通过自己的检验做出评价，向再生产循环发出各种信息，提出改善循环的一系列要求，为新的生产过程创造出新的需要，从而促使社会根据新的消费观念和消费需求，调整供给结构和工作系统。从这个意义上说，消费既是检验经济循环运行是否正常的测量器，同时又是改进和完善这一循环的指示器，是承上启下、实现再生产良性循环的一个关键性的要素。

（二）消费经济学的研究对象

消费经济学作为马克思主义经济科学的一门分支学科，应以劳动者的个人消费为研究对象的主体，以政治经济学理论为研究的基础，以社会主义消费实践为研究依据，以辩证唯物主义和历史唯物主义为研究的主要方法。

刘方棫教授认为应当着重探讨以下问题：

第一，消费在社会主义国民经济循环中的地位与作用。重点阐明消费是怎样受生产、分配、交换的制约，又是如何反过来对生产、分配、交换起作用的。这是研究消费经济学的基础，唯有研究清楚这个问题，消费经济学才有其立论的基础，进而才能成为一门学科。

第二，消费的性质问题。研究劳动者在不同的所有制条件下，由于所处地位的不同，其消费所具有的不同的特点。正是不同的消费性质，才把社会主义消费与资本主义消费予以区分，社会主义消费经济学才呈现出不同的特点。

第三，消费力及其内部的矛盾运动。消费力决定消费关系，对消费力的研究是消费经济学的重要内容。

第四，消费行为问题。探求社会成员在个人消费活动中有何消费需求，这种需求是如何产生的，社会可以用什么样的消费方式和消费服务来满足这种需求，消费者购买不购买、买多还是买少的经济因素是什么，非经济因素又是什么，等等。

第五，消费结构问题。探求社会成员个人消费构成变动的原因、后果及其规律性，例如消费品中吃、穿、用所占比例的变化，日用商品中的高、中、低档变动趋势，研究消费结构同产业结构的相互作用，等等。

第六，消费服务和消费的社会化问题。探求使消费者满意的服务方式和服务途径，消费生产结构和分配、供应中的政策问题和技术问题，以及随着现代化的发展而产生的消费社会化趋势（例如家务劳动社会化、慢餐逐步改为快餐）将引起什么样的社会经济和文化方面的反应和后果，等等。

第七，消费的水平问题。探求决定消费者消费水平的因素及其合理化的标志，劳动者消费水平的界限，消费率的合理界限，等等。

第八，国外消费经济学的研究和评价问题。探讨国外有关理论观点的背景、重要思想、分析方法及其阶级实质，等等。

（三）消费经济学的研究方法

刘方棫教授指出，社会主义消费经济学的研究方法也应遵循辩证唯物主义和历史唯物主义，强调理论与实践的高度统一。在充分掌握有关材料、数据的基础上，运用抽象法和比较法，做好定性分析和定量分析，并通过如下一些基本渠道阐明消费的机制及其运动的规律性：

第一，从消费和生产、分配、交换诸环节的内在联系与相互作用角度，探讨消费在社会再生产中的地位与作用。

第二，从消费关系和消费力，以及它们同社会生产力发展水平的内在联系和相互作用角度，探讨消费的矛盾运动及其发展的过程。

第三，从消费内部各个环节，比如消费需要、消费结构、消费水平之间的内在联系和相互作用角度，探讨消费自身的运动形态和效果评价标准。

第四，从消费关系、消费力的变动同社会主义国家的方针、政策、法令、计划的相互关联角度，探讨社会主义上层建筑对消费机制的影响和指导作用。

第五，从我国同外国的消费结构、消费方式的比较分析角度，探讨消费机制的一般形态和一般规律等。

（四）消费经济学的主要任务

刘方棫教授认为，消费经济学作为一门新兴的经济学科，有它自身的研究任务。概括起来，体现在以下方面：

第一，运用马克思主义的消费理论，总结我国社会主义建设在消费领域中的实践经验，弄清消费在我国社会主义再生产中的地位和作用，提高人们认识与运用消费机制及其运动规律的自觉性。也就是说，要从马克思主义理论与我国建设实践的结合方面，系统地研究和掌握社会主义经济中消费的机制、特点及其运动规律。

第二，研究和借鉴国外（包括资本主义国家）有关消费问题的一般学说，结合我国国情和特点，探求能够为我所用的观点和原理，以更好地揭示消费机制及其活动规律。

第三，理论来自实践，又反过来指导实践。消费经济学的重要任务之一，是在掌握和运用马克思主义关于消费的一般原理和分析、借鉴国内外正反面经验的基础上，为党和国家制定经济社会发展战略目标以及实现这些目标的消费计划、方针、措施、决策，提供科学的依据。

二、消费在社会主义国民经济中的地位与作用

（一）消费是社会主义生产的归宿、目的和动力

物质资料的生产是人类生存和发展的基础。生产与消费具有同一性。生产决定着消费，消费也对生产具有巨大的反作用。消费无论在生产过程内进行还是生产过程外进行，都直接是生产。消费生产着生产者的意图，使产品得以最后完成和实现。生产和消费矛盾对立统一，二者具有同一性，相互依赖、相辅相成，在一定条件下彼此相互转化。

刘方棫教授指出，虽然消费与生产具有“直接的同一性”，但不能离开生产来片面强调消费，也不能对消费问题漠不关心，必须把满足劳动人民的物质和文化的需要当作社会主义生产发展的归宿和目的，必须大力增加可供人民消费的最终产品所占的比例，以保障人民生活切实得到改善。

但是，消费不应超越生产提出的下列原则界限：第一，消费的物质对象，就是离开了生产的物质基础空谈改善生活。第二，消费的水平不能提高得太快，要在保障今天的消费得到改善的同时兼顾到明天的消费能继续得到改善。

生产制约着消费，消费也制约着生产。消费资料的生产制约着生产资料的生产，农业、轻工业的发展制约着重工业的发展，消费基金的界限制约着积累基金的界限，非生产性积累制约着生产性积累。

（二）消费是劳动者必要劳动的实现

社会主义经济发展的目标，既要使人民群众当前的消费需要获得满足，也要使长远的消费需要获得保证。为此，必须有效解决劳动力的良性生产问题，明确劳动者的必要劳动的数量界限，以使活劳动消费的补偿与按劳分配得到合理的实施。

在社会主义条件下，必要劳动包含较多的内容：第一，保证劳动者及其家庭得以生存的最低生活资料价值，即生存资料价值。第二，劳动者及其家庭在体力、智力上获得全面发展所需要的发展资料价值。第三，劳动者及其家庭由于物质和文化生活水平不断提高而需要的享受资料价值。

对于社会主义劳动者的必要劳动，有其数量的最低界限与最高界限。其数量的最低界限就相当于维持劳动者及其家庭所必需的生存资料的价值；其数量的最高界限，相当于劳动者的生存资料的价值，加上发展资料价值，再加上享受资料价值。

从最低界限至最高界限，基本上是同现有的生产力发展水平、经济结构等因素和条件相适应的数量界限，就是必要劳动时间的合理界限，或者称该条件下的合理界限。

随着社会主义再生产的发展，劳动者必要劳动时间构成也会发生变化。即必要劳动中原来主要是生存资料价值的劳动所占的比例逐步缩小，而用于创造发展资料、享受资料价值的劳动所占的比例将逐步扩大，脑力劳动在必要劳动构成中所占比例越来越大。

（三）消费为计划与市场提供信息

刘方棫教授指出，消费信息不但是企业经营决策的依据，而且是制订宏观计划的重要依据。因而，消费为计划和市场提供足够的信息，对于进行国民经济调整，实现农轻重比例协调，安排好人民生活，使国民经济稳定发展并不断提高经济效益，具有现实的指导意义。只有重视消费信息、尊重市场机制、面向市场需求、按照需要安排生产，才能达到消费品的生产、供应和社会购买力的相互平衡。

在社会主义社会中，消费摆脱了剥削关系和剥削的狭隘利益的羁绊，成为生产的直接目的。劳动者的消费不再从属于资本，而成为不受剥削的生产者和所有者用以满足自己需要的消费，与雇佣劳动者的个人消费有根本区别。而且消费与生产之间的矛盾不再具有对手的性质，完全可以实现再生产的良性循环。

刘方棫教授认为，充分满足劳动者的消费需要是公有制的客观要求。满足劳动者的消费需要，不是只关系群众生活的问题，也是关系大局稳定的政治问题，是涉及社会主义制度能否巩固和发展的根本性的问题。

三、消费力的矛盾运动及其合理组织

刘方棫教授强调，对消费问题的研究，不能片面停留在对消费关系的一般论述上，而必须联系和探讨消费力。正如研究生产关系必须联系生产力一样，对消费经济问题的研究，必须联系和探讨消费力。

消费力具有自然属性和社会属性。消费力的自然属性，比如补偿人体新陈代谢的“自然需要”。消费力的社会属性，比如人们依据一定的社会条件具有不同的购买力，从而也具有不同的消费能力。消费力的社会属性，必须纳入消费经济学研究的内容。

消费力的社会属性是从社会和经济的角度，而不是从自然和技术的角度考察消费力，考察在一定社会生产和社会需要的矛盾运动中，社会供给系统满足人民生活需求的能力。消费力的社会属性是消费经济学研究的主题所在，即在社会主义条件下，怎样才能按照消费者的需求及其发展趋势，合理地组织消费品的生产、供应及相应的服务，以最大限度地满足劳动者的物质和文化需要。

（一）消费力的概念和内涵

所谓消费力，就是在一定生产条件下，消费者取得自己需要的生活资料和服务以进行消费的能力，亦即一定的社会生产满足消费者物质与文化需要的程度与能力。

消费力在形态上可以划分为自然消费力、有购买和支付能力的消费力、社会消费力、绝对消费力四种。自然消费力，即消费者为维持自己的生存而满足自己的自然（生理）需要的能力。有购买和支付能力的消费力，即消费者所具有的运用自己的货币收入购买商品和服务以满足自己需要的能力。社会消费力，即消费者受整个社会关系，特别是分配关系的支配所具有的消费力。社会消费力的大小不直接决定于社会生产力的发展水平，而是直接决定于所有制性质和分配制度。绝对消费力，是指在现有生产力发展水平的条件下，能够满足现有消费人口的消费需要的能力。而绝对消费力与社会消费力的区别，在于前者是不与社会的分配关系挂钩，而只与社会生产力挂钩的消费力。

无论是哪一种形态，消费力都有共同的内涵，即消费力都是消费者同包括服务在内的消费资料两方面的统一和结合。消费力包含两个层次的内容：

第一，消费力实体。消费力实体包括要求满足个人要求的消费者和由社会供给系统提供的消费资料和消费服务。消费资料是消费力的主体因素，其数量取决于某一社会的人口总量，该社会生产水平制约着人们的消费需求总量；后者是消费力的客体因素，其取决于该社会的生产力发展水平、社会经济结构以及相应的分配供给制度。

作为现实的消费力，必须是主体与客体因素的结合。消费资料离开了消费者或消费者离开了消费资料，二者都只能是消费力的潜在形态，或潜在的消费力。要使潜在的消费力成为具体现实的消费力，必须通过一定的组织和管理，把人与物两个方面完整地予以结合。

第二，消费力实体诸因素的结合比例和结构——消费力组织的合理程度。消费力并非是主体客体因素的简单相加，而是一个系统。消费力的实体诸因素在数量上的比例，在质量上的结构，对消费力的强弱有绝对的影响。比例与结构组织得越合理，则消费力越强，人均消费水平就越高。

消费力本身是不断运动发展的，其基本根源在于自身内部矛盾，即消费需求同消费供给和服务之间是否协调。所谓消费力的内部矛盾，就是它的主体因素和客体因素之间、各个客体因素之间的矛盾。

由于存在这种矛盾，消费力诸实体因素之间将出现比例和结构上的不平衡、不适应，即消费需求同消费供给与服务之间出现不协调。上述诸因素之间不断地不平衡，再到新的平衡，就构成了消费力内部矛盾运动的过程。

消费力内部主要包括以下几种内部矛盾：第一，自然消费力的内部矛盾。它表现为消费者维持其生存和职业的自然需要，同社会满足这种自然需要的能力之间的矛盾。第二，有支付能力的消费力的内部矛盾。它表现为消费者的购买力与社会消费品可供量及可供品种（包括精神产品）之间的矛盾。第三，社会消费力的内部矛盾。它表现为消费者的社会性需要与社会用相应的消费品（包括服务）满足这种社会性需要的能力的矛盾。第四，绝对消费力的内部矛盾。它表现为社会生产力发展已经达到的水平同消费需求的满足程度的矛盾。

上述四种消费力的内部矛盾，无论哪一种都体现着消费人口的需求同用于满足这种需要的供给之间在比例上、结构上是否相协调和相适应。消费力的矛盾运动过程，也就是消费力的主体与客体相结合的方式更趋于合理和协调的过程。正是消费力的矛盾的产生与解决，催化着消费水平的提升与消费结构的完善。

刘方棫教授指出，正是由于消费力存在矛盾，因此表现为消费人口的需求同用于满足这种需求的供给之间在比例上、结构上是否相协调和相适应。必须探讨和解决消费力主体即消费人口，与消费力客体即消费资料、消费服务之间的社会结合方式与合理组织问题。

（二）消费力的合理组织

作为实在与具体的消费力，其主体和客体互相依赖又互相制约，它们每一方的变动都直接决定着消费力的大小和高低，其变动情况大致可概括为三点：

第一，在消费人口已确定的条件下，消费力的大小以消费资料的生产量和供给量为转移，同消费资料的质量和数量按正比例关系变动。

第二，在消费资料的质量、数量已确定的条件下，消费力大小以消费人口的多少为转移，同消费人口的多少按反比例关系变动。

第三，在消费人口消费资料的数量与质量都已确定的条件下，消费力的大小以消费服务的组织合理程度为转移，同消费服务的好坏程度按正比例关系变动。

作为消费力主体的消费需求，取决于社会一定的人口总量和社会生产发展限度所决定的对消费品的需求总量；作为消费力客体的消费资料和相应的服务，取决于社会生产力发展水平和社会经济结构及其供给制度。消费力的主体和客体是对立统一的，二者互相依赖又互相制约，每一方的变动都直接决定着消费力的高低。

要有效提高消费力，取决于怎样使得物质生产和人口生产互相适应，怎样使两种生产同相应的消费服务相适应。而关键在于消费人口这个消费力主体，是否超过了生产资料的供应限度。

刘方棫教授指出，要提高消费力，必须做到消费资料的生产同消费者数量的增长相适应，不仅要做到社会消费品总量的增长，而且要做到人均占有量也增长。只有这样，生产力和消费力才会相应提高。

衡量消费人口与消费资料的合理比例，必须从生产力和消费力两方面都得到发展来着眼。社会产品总量和人均占有量都得到增长，而且人均占有量增长得更快，才是衡量二者比例是否合理的基本着眼点，是评价效益的总标志。

如何有效提高消费力的关键在于对三者如何组织，即怎样使得物质生产和人口生产互相适应，怎样使这两种生产同相应的消费服务相适应。特别重要的是消费人口是否超过了生活资料的供给限度，因而需要控制人口过快增长。

总之，处理好消费人口、消费资料和消费服务的相互关系，合理组织消费力的内部结构，使物质生产和人口生产保持适度的比例，以求达到最大消费力，十分必要。

为提高消费力，就必须做到物质资料的生产与人口的生产相适应，不仅要做到社会消费品总量增长，也要做到人均占有量相应增长。唯有如此，生产力和消费力才会互动和都得到提高。因而，衡量人口生产与包括服务在内的消费资料生产比例是否合理的基本着眼点，应是生产力和消费力两方面都得到兼顾，各司其职，社会产品总量和人均占有量都得到增长，而且人均占有量增长得更快。

如果能够满足消费者各方面的需要，又不超过消费资料的供给能力、生产劳动资料容纳劳动力的能力和生态环境恢复平衡的能力，则消费力内部各种因素的比例就是适当的。否则超过客观条件允许的限度又不能及时予以解决，则为失调。

消费力作为消费者的物质与文化的需要获得满足的程度和能力，在经济社会发展中不断提升，具有积极意义。当前消费不足尤其是居民消费增长缓慢，正是消费力不足的充分表现。在经济发展进程中，有效关注消费力的变动及规律，采取更加有效的措施，通过提高居民的收入水平与改善消费环境等途径入手，不断提高居民的消费力，对扩大消费尤其是扩大居民消费具有关键意义。

与科学技术是第一生产力相对应，知识教育是第一消费力。从可转化意义上看，消费力也是生产力。生理需求的消费是最低层次的消费。而教育知识的消费，包括使用先进的科学技术、知识经济和网络经济等，有可能成为不亚于食品需求的精神食粮，而成长为第一消费力。消费力的实现，可以转化成新的生产力。

需要更加充分强调知识教育作为第一消费力的重要作用，通过不断发展教育与培训，不断提高公众的知识教育水平，对有效提升劳动生产率与促进经济发展具有重要作用，需要在关注科学技术作为第一生产力的基础上更加充分重视文化教育的消费，并把知识教育作为第一消费力发挥其作用。

（三）合理组织消费力的人口结构与需求结构

合理组织消费力，不仅要求消费人口同消费资料在数量上有一个适度的比例，而且要求在质的规定性上互相适应。满足消费者的需要应该是一切经济活动的根本出发点，是评价和检验经济效果的实践标准。成果与效益的大小，都要以需要被满足得如何来衡量。

应该把是否以尽量少的消耗生产出更多符合社会需要的产品，提高到是否按照社会主义基本经济规律办事的高度上加以认识，以更好地解决人民日益增长的物质文化需要同落后的社会生产之间的矛盾。

社会需求结构的变动趋势，是三个基本因素共同作用的结果，即消费者的货币支付能力即购买力的变动，消费品供给系统，以及消费人口构成和消费者需求心理的变动。

为适应人口构成和需求构成的变动趋势，必须面向人民群众的消费需求，做好经济结构的调整。第一，要调整好产业结构，加快农业发展，实现轻重工业协调发展。第二，要调整好产品结构和企业组织结构，努力发展消费品生产，提升消费品的质量与数量。第三，要树立以“满足消费需要”为中心的市场观念和服务观念，改善生产和消费的协调性，调整好市场结构和流通渠道。第四，要充分借助消费的需求信息反馈，面向需求组织生产，衔接好供给和需求。第五，抓住满足需要的关键环节，吸引和释放社会购买力。

四、消费结构与消费社会化

（一）消费结构的分类及其合理化

所谓消费结构，就是在需求和供给的矛盾运动中形成的，各类包括服务在内的消费资料在消费支出总额中所占的比例及其相互关系。

消费资料可划分为生存资料、发展资料与享受资料，进一步可划分为吃、穿、住、用、行、服务等不同消费形式的部分。

消费资料的三大类和各个部分消费资料之间存在对立统一的关系。它们之间的对立表现为各个层次或部分的消费资料互为消长，在一定范围内可以互相代替。消费资料的各大类、各部分之间的统一表现为彼此依赖、互相补充。

一定的消费结构，是一定的需求结构和供给结构相互作用的产物，同时一定的消费结构又反过来给需求结构和供给结构以积极的影响。有计划地建立一个合理的消费结构模式，是实现国家经济发展战略的需要。

合理的消费结构应具备以下特点：第一，消费构成要同社会的人口构成和需求构成相适应，使消费需求获得最大限度的满足。第二，要充分借助消费对生产的信息反馈，使供给结构同内容不断丰富、水平不断提高的需求结构更加吻合。第三，要同自然资源的合理开发、能源的合理利用和生态系统的平衡相适应。第四，既要满足消费者多方面的需要，又要有利于社会主义精神文明的建设。

消费结构本身并非固定不变的，而是随着需求与供给的矛盾运动在不断变动。

考察消费结构的变动，大体应从以下几个方面考察：

第一，生存资料在消费结构中所占比重的变化，比例逐步下降意味着发展资料和享受资料的比例逐步上升，是结构上的良性变动。

第二，吃在消费项目中的比例变化，比例下降意味着食品外的消费力提高，属于结构上的良性变动。对比还可以类推可考察食物消费结构中主食消费比例的变化，考察中高档消费品和耐用品的比例的变化，考察商品性消费与自给性消费的比例的变化，考察服务消费与商品消费在消费总量中的比例变化，考察消费支出新增部分中用于精神消费与用于物质消费的比例的变化等。

随着经济不断发展与经济体制改革，当时消费结构变动的主要趋势是，人们用于近期消费的购买所占的比例有所下降，而用于延期消费的储蓄比例相应上升。同社会主义生产的发展和人民收入逐步增长相适应，人们消费的享受资料和发展资料的比例将会越来越大于生存资料的比例。在消费结构中吃穿用等的比例上，用于吃的比例将下降，而用于有关耐用消费品的比例将上升。与上述变动相适应，消费服务具有同步增长的趋势。

消费结构或者促进供给的改善与需求的满足，或者延缓供给的改善和需要的满足。合理的消费结构能有效改善居民生活质量，有利于发挥消费拉动经济发展的作用，同时也更好地确保经济社会可持续发展。

刘方棫教授认为，合理的消费结构应具备以下特点：

第一，要与一国社会的人口构成、需要构成相适应，使消费需求获得最大限度的满足。消费人口的增长，必须要求消费资料的数量也相应增长，同时消费人口的年龄构成、职业构成的变动，也必然要求消费结构相应地发展变化。

第二，要充分借助消费对生产的反馈，使供给结构同内容不断丰富、水平不断提高的需求结构更加吻合。需求是生产的动力，生产—供给是满足需求的手段，消费则是需求和生产的实现，并重新引起需求，唤起生产供给。消费者的需要能否得到最大限度的满足，除了主体自身的条件，还有赖于客体供给的结构及其所提供的服务和质量。消费每时每刻都给生产者创造着生产的意向、需要、动力和目的，从而为生产提供前提和方向，把产供需衔接好，充分面向市场需求，利用宏观的消费信息的反馈，调整国民经济重要比例关系，利用微观的消费信息的反馈，调整部门和企业的产品结构，调节社会劳动和资源的分配比例。

消费结构本身并不是固定不变的，它随着需求和供给的矛盾运动不断变动。正向变动的消费结构是合理的，逆向变动的则是不合理的。消费结构要同自然资源的合理开发、利用和保持生态系统的平衡相适应，同时既要反映需求的多样性的物质文明，也要体现出需求的高尚性的精神文明。

要考察消费结构变动，要从以下几方面考虑：第一，考察生存资料在消费结构中所占比例的变化，其一般是不断下降的。第二，考察吃穿用住行服务等消费项目中吃的比例变化。第三，考察食物消费结构中主食消费比例的变化。第四，考察穿用消费结构中中高档消费品和耐用品的比例增长的快慢。第五，考察住房的消费结构中新建、扩建的投资增长是否快于维护投资的增长。第六，考察商品性消费与自给性消费的比例变化。第七，考察服务的消费与商品的消费在消费总量中的比例变化。第八，考察消费支出的新增部分中，用于精神消费和用于物质消费的比例的变化。

消费结构是否合理，对能否有效提升消费水平以及有效提升公众生活质量起着极为重要的作用，保持合理的消费结构以及有效促进消费结构不断趋于合理，是有效提升公众生活水平与扩大消费的必要前提。在消费结构中，有效降低衣食在消费中的比例，而不断提高享受型及发展型消费的比例，是有效优化消费结构的方向。

能否创造条件不断提高劳动者收入水平，切实降低衣食在消费结构中的比例，不断提升教育、通信、娱乐、居住、医疗等消费在其中的比例，是有效优化消费结构的重要前提与必要组成部分。

生产结构规定着消费结构，有什么样的生产结构，就会有什么样的消费结构。消费结构规定着需求结构，一定的消费结构实现着一定的需要并重新唤起新的需求。新的需求结构又规定着新的生产结构，为新的生产结构提供意向、方向和动力。协调处理生产结构、消费结构与需求结构的关系，是妥善处理生产与消费的关系并促进经济良性发展的重要前提。

需求结构和生产结构具有密切联系，主要表现为：

第一，需求结构合理是一定的产业结构和产品结构合理的根本前提。产业各部门要根据自己产品的实现状况，通过消费者的检验和效果评价，检验自己部门的生产，服务方向是否对路，是否呈良性循环，是否具有较大的满足社会需要的效率。

第二，需求结构的变动也是修正生产和计划指标的根本依据。通过一定消费结构的消费行为，不断提出各种新的需求和需求结构，为进一步完善更合理的生产结构提供信息和条件。

我国消费结构与需求增长具有明确特点。首先，就我国人口趋势考察，一定的人口结构规定着一定的需求结构。需求结构是随人口结构的收入水平的变动而变动的。消费人口数量的增长，使消费需求的数量也相应增长。同时，消费人口结构的变动，也使消费需求的结构相应变动。

其次，就需求结构的变动趋势来考察。需求是生产的目的、再生产的动力。生产为消费提供物质对象，是满足需求的基础。消费是生产的归宿，它实现着需求并创造和引出新的需求。

最后，我国需求不断上升还反映在需求结构的变化上。社会消费品零售量的增长，体现在消费需求量的增长上。由满足基本生活需要，开始过渡到满足全面发展的需要；由追求数量上的满足，开始过渡到追求品种、花色、质量上的满足；对消费的商品选择性弱，开始过渡到选择性强。物质生活需求的改善，促进了精神生活的需求。

一定的产业结构是一定的需求结构作用的产物，需求结构对产业结构有直接的规定性。同时，一定的产业结构又会反过来给需求结构的规定性以积极的影响。第一，要充分借助消费需求信息的反馈，把供给和需求密切地衔接好。第二，要从小康的战略基点出发，理顺产业内部的相互关系。农业的发展是国民经济稳定的基础，实现轻重工业的协调发展，抓好满足需要的关键环节，调整好企业组织结构和产品销售渠道，是改善物流、释放购买力的前提。

刘方棫教授指出，在经济发展中妥善处理生产结构、消费结构与需求结构的关系，对于更好地发挥消费拉动经济发展的作用具有关键作用。只有生产结构适应消费结构，生产才能很好地转化为消费，促进生产的顺利实现，并更好地发挥消费拉动经济发展的作用。保持合理的消费结构是提升公众生活水平的必要前提，消费结构要与需求结构相适应，但是需求结构不能脱离经济发展阶段与实际可能，要确保消费结构不能过分偏离需求结构，确保经济发展中生产结构、消费结构与需求结构的良性循环。

（二）消费方式、消费服务及其变化趋势

所谓消费方式，就是人们采用什么样的方法、形式和途径去消费消费资料，以满足生活需要。考察消费品的消费方式，主要是考察消费品总体的社会消费方式，而不是某一个由特定使用价值决定的个别品的个别消费方式。

从社会消费的总体来考察，各种消费方式的出现和发展，并不是人们主观随意选择的结果。它受多种社会因素和自然因素的影响，比如国家的资源条件、传统生活方式、文化伦理规范等，但是起决定性作用的因素是社会生产。生产方式决定消费方式，适应一定生产力的生产关系也决定着一定的消费方式。

人们的消费主要有两种方式，即个人消费与集体消费。个人消费也可称为家庭消费，是以消费资料的个人所有为基础，在消费者家庭范围内实现的消费。个人消费对象包括为个人及家庭消费而购买的商品以及服务，也包括社会救济等最终转化为个人直接消费的部分。

集体消费也称社会公共消费，是以消费资料归公共所有为基础，在消费者家庭范围以外实现的消费。集体消费是由社会公共机

构组织的、直接以社会服务的形态实现的消费形式。

个人消费与集体消费都是必不可少的消费方式，其中个人消费将是较长时期内的基本形式。但是社会主义消费方式也不能局限于个人消费这一种形式，消费者生活中有很多共同的需要必须通过集体消费形式加以满足。

个人消费、集体消费在满足社会主义劳动者的生活需要上是互相补充、相辅相成的。但是在消费基金总量不变的情况下，个人消费与集体消费也有矛盾的方面。在分配消费基金时，要统筹兼顾全面安排，使二者保持适当的比例。

消费服务是实现某种消费的必要手段，是满足需求不可缺少的消费内容，是实现消费必须借助的活动。

消费服务作为任何消费方式都不可缺少的内容和手段，由消费者个人去承担还是由社会去承担，各自承担多少，反映着消费方式的不同类型，标志着消费结构的合理性，以及消费者自由全面发展的水平。

在社会发展过程中需要从自给性的消费服务转变到社会化的消费服务，消费服务的社会化之所以成为一种历史趋势，有着深刻的社会与经济原因。首先，它是生产社会化、劳动社会化的需要；其次，它是消费品生产发展和消费者生活改善的需要；最后，它是增加劳动者的自由时间，从而实现人的自由全面发展的需要。随着社会经济的发展，增加社会服务、实现消费服务的社会化，将成为广大劳动者的迫切要求。

（三）消费社会化

所谓消费社会化，是指消费领域中的服务不是由消费者自己，而是由社会提供服务或劳务来完成。这种服务方式的社会化，是在生产社会化和商品生产、商品交换都有了相当发展的条件下产生的社会经济现象。消费者通过付费取得各种消费服务比自我服务更经济，更节省精力和时间。

随着社会生产的发展与消费资料的日益丰富，消费社会化问题越来越重要，人们对实现消费社会化的要求也会越来越迫切。这是由于消费社会化有利于实现国民经济的加速运转和再生产的良性循环，有利于扩大就业、合理利用劳动资源，有利于国家有计划地指导消费、提高劳动者的消费水平，而且有利于减少家务劳动、减轻劳动者的生活负担。

刘方棫教授指出，为实现消费服务社会化，从消费者及其家庭方面看，最主要的是实现家务劳动社会化；从社会方面看，最主要的是大力发展服务行业和公共服务部门。同时，要积极稳妥地开展消费信贷，积极推进消费社会化。消费信贷是一种切实可行的能够促进消费服务社会化的措施，人们应当积极探索和起用适合我国国情的消费信贷方式。

五、消费水平的合理界限及提高消费水平的基本途径

（一）合理消费水平的选择与确定

所谓消费水平，从宏观上，是指社会全体人民的物质与文化需要得到满足的程度；从微观上，是指某一消费者及其家庭的生活需要得到满足的程度。这里重点考察宏观意义上的消费水平，即社会平均达到的物质与文化需要的满足程度。

从物质文明与精神文明相统一的观点看，消费水平除考察物质生活的内容与丰度外，还要考察精神生活的内容与丰度，以及物质与精神消费的最终结果。

传统衡量消费水平的标准，有价值消费量、实物消费量与服务消费量。除了上述传统标准，消费水平也可从消费结构的角度予以衡量。

从更深层次即消费内容与效果的统一性上考察，衡量消费水平还应该包括：第一，通过消费而获得的健康程度；第二，通过消费而获得的文化、科学知识的水平及其提高程度；第三，通过消费而获得的生活享受的程度。

在确定合理的消费水平时，消费水平首先不应当低于消费者的自然生理需要，其次不应低于劳动力再生产的需要，同时消费水平不应低于前期，而且要保证逐年有所提高。

消费水平的最低界限，最终取决于分配计划中的最低消费率；而消费水平的最高界限，需要考虑劳动者的收入等因素，即劳动者的收入同生产和发展之间的关系，劳动者收入的增长速度不能超过劳动生产率提高的速度，不能超过国民收入的增长速度。就国民收入使用额中消费基金与积累基金的比例关系考察，确定消费基金的最高界限必须保证国民收入中积累基金的最低需要。此外，也应考虑非生产性积累与生产性积累的最低需要。

消费基金的最高界限等于国民收入使用额与积累基金的最低需要之差。为了确定消费基金的最高界限，就要兼顾生产性积累和非生产性积累的最低需要，即从新增人口和劳动力的需要出发，同时满足两个方面的最低标准。只有这两个最低需要都得到满足，才既不会降低劳动生产率或影响就业，又不会影响和降低人民群众的消费水平。

合理的消费水平是使公众有效分享改革开放成果与促进经济良性运行的必要前提。从宏观角度看，消费水平是社会提供给广大消费者用于生活消费的消费品及劳务的数量与质量；从微观角度看，消费水平是某一消费者及其家庭生活消费的消费品与劳务的数量和质量。

对消费水平可以从价值消费量、实物消费量和劳务消费量三方面加以衡量，也可以从消费结构的变化趋向上加以衡量。对消费水平的考察，不能简单满足于只从现象上探讨消费者主体对消费品客体的关系——消费品拥有量，还必须从更深的层次，即从物质文明与精神文明的统一和消费效果的结合上，考察消费主体与客体的相互关系。

衡量消费水平是否适度，主要有四个方面的指标：一是衡量消费者的承受系数，即消费者所采购的消费品价格上涨率同居民收入增长率之比；二是衡量消费强度系数，即居民的实际支出除以居民的实际收入；三是要衡量消费者的消费序列系数，即消费的层次序列是否合理有序；四是衡量消费者消费规模系数，即当年消费支出除以上年消费支出。

合理的消费水平具有以下特征：第一，合理的消费水平是建立在本国物质条件的基础之上的，是与生产发展的水平相适应的。第二，合理的消费水平，应该有利于自然资源的充分利用和绿色开发，防止浪费和生态失调。第三，合理的消费水平，既要给人们带来物质上的丰裕，又要给人们带来精神上的富足，要体现社会主义的伦理关系和道德内容。第四，合理的消费水平，不仅要使人们得到物质的享受，还要有助于人的自由全面发展，有利于促进消费者的身心健康和社会的进步。

有效发挥经济发展的重大作用，需要确保消费水平的不断提高。改革开放以来尤其是确立社会主义市场经济体制目标以来，城乡居民消费水平不断提升，但是城乡消费水平的增长难以有效跟上经济发展速度的增长。城乡居民消费水平增长缓慢，不仅难以使公众有效分享改革开放成果，也难以发挥消费拉动经济发展的作用。

在经济发展总体进程中，随着经济的不断发展有效提升劳动者报酬在国内生产总值中的比例，确保城乡居民消费水平有序增长，对促进消费者的身心健康与社会进步，更加充分发挥最终消费尤其是居民消费拉动经济发展的重大作用，具有特别重要的意义。

（二）消费水平和最佳消费率的选择

按当时的定义，消费率是指用于满足全体社会成员及个人的物质文化生活需要的基金在国民收入使用额中所占的比例。

1985 年之前，我国对国民经济的核算源于苏联与计划经济相配套的物质平衡表体系（MPS），1985—1992 年逐步与联合国推荐的源于市场经济的国民经济核算体系（SNA）接轨。1993 年起，完全摒弃 MPS 核算体系，彻底转向了 SNA。

长期以来消费率偏低而且很不稳定，给经济发展和人民生产改善带来了不利影响。一定时期的消费率受到各种因素的制约，随着客观条件变化，消费率也发生相应变化。

为确定最佳消费率，要考虑消费人口的增长速度、国民收入的增长速度、人民消费水平提高的程度等，除此之外还要考虑经济发展战略调整以及国内外政治条件的变化等。

有效提高消费水平、选择最佳消费率，有以下途径：

第一，在安排消费品生产时，要处理好发展一般消费品和重点消费品、特需消费品的关系，以及物质消费品和服务消费品特别是文化教育消费品的关系。

第二，要切实维护和保障消费者利益，切实保证产品的质量和效用，确立消费者至上的经营理念，增产适销对路的产品。

第三，努力提高消费文明。消费文明是指体现在人们消费活动中的精神文明。应当努力提倡消费文明，把我国人民的消费水平提到一个新的历史高度。

第四节　消费经济学的发展与式微

刘方棫教授以一己之力独撰《消费经济学概论》，对推动消费经济学的创始与发展实有开拓之功。尽管他一再谦称自己仅是消费经济学的主要倡导者与创始人之一，但其对消费经济学的诞生及发扬光大的贡献有目共睹。

改革开放之初，在计划经济体制以及总体上仍强调计划和生产、讳言消费的情况下，刘方棫教授即有此敏锐的研究视角与果敢的精神，兼以深厚的理论素养，以其超前的意识撰写消费经济学，不只是创立了消费经济学这门学科，而且对于推动解放思想、繁荣经济科学研究也做出了应有的贡献。

刘方棫教授对消费经济学的研究，与其对社会主义经济理论与实践以及生产力经济学的研究紧密相连，他在改革开放之初对社会主义经济理论与实践深入研究的基础上，深刻认识到消费在生产中的作用被大大忽视而且消费理论研究尤为滞后。正是在此背景下，刘方棫教授在教学实践和理论研究的基础上，完成出版了《消费经济学概论》。

《消费经济学概论》专门辟出一篇对资产阶级消费经济学做了重点考察，并将其作为有益的参考，以为构建社会主义消费经济学提供借鉴。虽然在当时的历史条件下，对于资产阶级消费经济学的研究吸收必须从批判的角度予以进行，但刘方棫教授在当时已较为详尽地研究分析了资产阶级消费经济学的主要理论，并分别一一对其进行深入分析。

书中强调指出，资产阶级消费经济学中有较多的可供参考和借鉴的内容，如有关消费经济学研究的方法等。对于资产阶级消费经济学中有参考价值的方法与具体论点，不能一概弃之不顾。批判地利用资产阶级经济学中某些有用的东西，有助于我们深入开展社会主义消费经济学的研究。

《消费经济学概论》不仅有详尽的理论分析，而且有详尽的对于消费结构与消费水平等内容的实证分析，从理论与实证相结合的角度对社会主义经济运行中的有关消费问题做出了深入研究。

作为独著的消费经济学著作，这本书无论是从理论体系、框架搭建逻辑顺序、语言文字等方面都保持了一致性，全书虽然仅二十余万字，但是条分缕析、结构清晰、循序渐进、逻辑清楚，深入阐释了社会主义消费经济学的主要内容以及应该关注研究的对象。

在这本书中，刘方棫教授还较为超前地提出了有关消费服务、消费信贷等理念，相关概念与实践在当时提出不但具有超前性，而且要承担一定的风险。虽然如此，刘方棫教授依然强调了消费服务与消费信贷的作用，实践证明消费服务与消费信贷在经济社会发展中越来越重要，不可或缺。

20 世纪 80 年代初，以刘方棫教授为代表的学者鉴于当时经济社会发展实践以及消费的重要性，出版了数本有关消费经济学的著作。在学者们的呼吁下，消费经济学作为一门正式的学科列入经济学二级目录，越来越多的高校开始开设消费经济学课程。

随着 1988 年被国家教委认定为博士研究生导师，刘方棫教授成为国内第一位消费经济学专业的博士研究生导师。北京大学经济学院在相当长时间内也是国内唯一的消费经济学研究方向的博士点。可惜的是，随着刘方棫教授退休后，北京大学经济学院也不再招收消费经济学方面的博士研究生了。

笔者有幸于 1998 年考入刘方棫教授门下攻读博士研究生学位，只是用功不够，难以领会导师消费理论菁华。博士毕业后，笔者在工作中始终将消费经济学作为研究的重点之一。数年前笔者指导博士研究生后，即要求学生选择消费理论问题作为博士论文选题。比如笔者指导的博士研究生钱婷婷，即以“人口老龄化背景下的居民消费变动”为主题撰写博士研究生学位论文，并在博士研究生学位论文的基础上修改出版专著《退休居民消费研究》。笔者希望通过指导的学生撰写消费经济理论方面的论文，努力延续消费经济学的研究。

随着消费经济学被纳入经济学二级学科，一定时期内在国内得到了较大的发展。但是受到多种因素的影响，在 20 世纪 90 年代经济学学科调整时，消费经济学的二级学科地位被取消，而成为产业经济学下属的三级学科。

90 年代之后，消费经济学研究不再热门是不争的事实，其原因较为复杂。在实践中，随着经济快速发展，最终消费率不断下降，最终消费需求对经济发展的贡献率有所下降；在理论上，社会主义消费经济学并没有提出类似于西方经济学那种具有全球影响的消费理论。实践与理论的滞后，导致消费经济学处于较为尴尬的境地。

在西方经济学中消费理论是研究的重要内容，始自萨伊对消费的研究一直到当代经济学的绝对收入理论、相对收入理论与终身收入理论等，消费研究一直是西方经济学不可或缺的组成部分。

至 2015 年安格斯·迪顿（Angus Deaton）以在消费、贫穷与福利方面的研究获得诺贝尔经济学奖，标志着消费研究达到了一个顶峰。安格斯·迪顿的代表作之一即为《理解消费》（*Understanding Consumption*）。正如诺贝尔经济学奖评选委员会发表的声明说，为了设计出能够促进福利和减少贫困的经济政策，需先了解个人的消费选择，因而对消费的研究至关重要。

相对而言，国内的传统消费经济学研究较少应用当代消费理论与计量工具，尤其是随着我国改革开放以后西方经济学的大举进入，经济研究具有泛计量的倾向，这也成为社会主义消费经济学不断式微的重要原因之一。

虽然 20 世纪 90 年代的学科调整具有多方面的原因，但是消费经济学自身未能有效发挥应有的作用应该是重要原因之一。在经济快速增长的过程中，通过加大投资能更有效地发挥拉动经济增长的作用，而消费相对而言对经济增长的作用拉动有限。如果说在改革开放之初，随着劳动者收入水平的上升以及消费需求的不断满足，不断扩大的消费需求与改善的生活水平不但为改革提供了足够的理由，而且为经济增长提供了足够的内在需求动力。而 90 年代之后随着社会主义市场经济体制改革目标的确立，一轮投资热潮带来经济高速增长，而消费对于经济增长的拉动作用似乎显得不那么重要。加之消费经济学的研究仍更多地停留在传统经典马克思主义生产与消费同一性的基础上，更多地关注消费力、消费关系、消费结构与消费水平等方面，尚未形成一套自成体系、与时俱进的理论与研究框架，因此消费经济学研究日渐式微也难以避免。

虽然刘方棫教授在出版《消费经济学概论》前后均对消费经济学进行了深入的研究，而且曾主编出版《90 年代中国市场消费战略》并发表了大量论文，但仅靠一人之力也难以改变消费经济学研究不振之势。

无论如何，消费经济学在改革开放之初为解放思想、提升消费水平、促进经济发展发挥了积极的作用。虽然消费经济学不再作为二级学科，不过部分高校消费经济学的硕士点与博士点招收的硕士研究生与博士研究生仍呈增长趋势。但在当前情况下尤其是随着经济信息技术的不断发展，消费经济学研究滞后的问题仍然存在，并需要认真予以重视。比如，学者们对近年来出现的新消费形式与新消费经济仍缺乏深入的研究，未能从理论上予以归纳总结，更不用说对其未来发展提出具有前瞻性的建议。对于如何有效地构建国际消费城市，以及在人口老龄化背景下消费变动的规律与趋势仍较少有人进行深入的研究。尤其是在当前国家提出国内大循环后，如何有效地发挥消费在推动国内大循环良性运行的作用尚有待进一步深入研究。

从国家政策而言，2013年国家提出发挥消费对拉动经济增长的基础作用，相较于投资对拉动经济增长的关键作用，二者的区别读者自可体会。就当前面临的经济社会发展任务而言，对于消费经济学研究不是太多而是太少，无论消费经济学是作为二级学科还是三级学科，对于当前经济发展中存在的突出消费问题，仍有从理论与实践角度不断加以深化研究的必要。

第四章 C H A P T E R 4

消费经济学学术思想之二

第一节 《90年代中国市场消费战略》简介

由刘方棫教授与中国社会科学院杨圣明研究员共同主编的《90年代中国市场消费战略》，由北京大学出版社于1994年1月出版。该书作为北京大学经济学系部分教师、博士研究生、硕士研究生以及中国社会科学院财贸与物资经济研究所部分研究人员、博士研究生、硕士研究生的共同成果，由刘方棫、杨圣明、刘伟等学者共同完成。

随着我国经济体制改革的逐步深入以及经济的不断发展，刘方棫教授在《消费经济学概论》与有关消费经济研究的基础上，根据当时最新的经济发展实践深入开展消费研究，在20世纪90年代我国确立社会主义市场经济体制改革目标的背景下，及时深入研究了市场消费战略问题，充分强调了消费在经济发展中的重大作用并提出了符合当时实践的市场消费战略。以上研究成果正是集中于《90年代中国市场消费战略》一书，也正是基于刘方棫教授这一具有重大意义的研究，该书荣获孙冶方经济科学著作奖、北京大学改革开放三十年人文社会科学研究百项精品成果奖。

一、《90年代中国市场消费战略》概况

《90年代中国市场消费战略》是国家"七五"哲学社会科学科

研项目“中国九十年代消费发展战略研究”的综合成果，研究获得国家社会科学基金资助。该书采用经济理论考察和实证分析相结合的方法，深入研究了20世纪90年代市场经济体制下我国居民消费的新特点、实现小康水平的前景，以及应采取的市场消费战略与若干对策。

除引言外，该书共有十一章，最后为附录。

在引言的基础上，该书首先分析2000年在中国实现“小康”的消费战略，然后回顾与展望我国消费战略的发展与演变，进而在分析我国消费主体行为演变特征的基础上，考察消费战略中存在的人口问题，结合产业结构与消费结构的互动和相关影响，分析我国居民收入、消费与储蓄的关系，研究建立和完善消费与价格新型关系的对策，探讨市场发育对促进消费的重要作用以及国民收入分配中积累与消费比例的选择，强调指出要实现科学的适度消费，最后比较考察促进消费的国际经验。附录重点分析了20世纪90年代后期我国的居民消费水平与消费结构。

刘方棫教授独立撰写了《90年代中国市场消费战略》的引言，并和其他人合写了第一章和附录。以下重点介绍该书中刘方棫教授的有关消费经济学学术思想。

二、《90年代中国市场消费战略》中的消费经济学学术思想

正如《90年代中国市场消费战略》书名所示，该书重点讨论的是20世纪90年代我国的市场消费战略问题。在1992年我国确立社会主义市场经济体制改革目标后，消费作为影响国民经济运行

的重大战略要素，应制定、执行什么样的消费发展战略？在实践中应制定怎样的规范消费行为的原则与政策？人口政策、产业政策、居民收入政策、价格政策、市场发育政策、国民收入分配政策应怎样取向？从国际经验比较看又具备什么样的特点？这些问题都应从理论与实践的结合方面予以探讨，并给予合理的解释。

（一）在社会主义市场经济体制中的消费

刘方棫教授指出，确定合理的消费战略要确定健全、正确的消费观。以往那种过分看重生产，强调积累越多越好、消费越少越好的消费观，是不正确的。虽然这种消费观在一定时期内能发挥促进经济增长的作用，但长期内难以为继。而那种只认为是消费决定和创造着生产的观点也有其片面性，不宜强调。

科学的消费观应该是生产与消费具有同一性，每一方都以对方为媒介，没有生产就没有消费，没有消费就没有生产。生产与消费之间是贯通的，正是要把二者置于同等重要的位置，才能更有效地发挥消费机制的作用，在制定有效的市场消费战略的基础上促进经济全面协调可持续发展。

消费在国民经济正常发展过程中具有重要的作用，而绝不是像一般认为的那种处于从属和次要的位置。刘方棫教授特别着重强调“两器观”，即一方面，消费是一国国民经济的显示器。在生产—流通—分配—消费这一循环过程中，生产是起点，消费是终点，消费集中体现了前三个环节的效果和效益。成果大不大，效益好不好，体现为消费多不多，消费水平如何，消费规模如何，消费结构是否合理等。正确处理生产与消费的关系，是使中国特色社会主义立于不败之地的一个关键。从这个方面来说，消费显示着宏微观经济运行的成果和经济制度是否有效。

另一方面，消费也是指示器。消费指导着再生产的走向如何。消费虽是一次运行的终点，但从再生产的过程看，又是下一次运行的先导。借助于消费在运行中实现的信息，反馈给再生产的决策部门，指导生产部门按照市场上的需求与价格变动的信息，调整投入与产出，改善经营的方向和规模，以及产品、技术、投资的结构。消费信息对生产厂家的计划乃至国民经济发展的计划，减少和克服再生产盲目性，提高经济效益与人民生活水平都至关重要。

刘方棫教授指出，在确立社会主义市场经济体制的前提下，要特别强调消费信息及其反馈作用对于完善社会主义体制改革和确立社会主义市场经济体系，具有重大的理论与实践意义。

第一，经济体制改革的目标模式是确立市场经济，而不再是计划经济和有计划商品经济。这意味着社会主义公有制中的所有权与经营权从根本上区分开来，企业是完全独立化的经济实体与法人。企业自主决策必须按照市场上的消费需求，规划自己的产品结构、规模以及开发方向，这是经营机制上最突出的转变。

第二，消费信息及其反馈作用关系到企业的盈亏与兴衰，这在市场经济体制确立后更为明显。一是因为在经济运行中所采用的运行方式与手段是“市场经济与计划调节”结合。二是进入市场的对象有资金、技术、劳动力等各种重要要素。三是社会主义市场经济能保证足够的效率，又能够保证真正的平等。

第三，市场经济是一种消费者主权型经济。即在生产者和消费者的关系中，消费者是拥有发言权、选择权并起支配作用的一方。生产者只有遵从消费者的意见和偏好，才能在自主经营和竞争中顺利发展。市场经济同时也是生产者和消费者都通过消费市场信息受益的经济。消费者根据市场信息，以最便宜的价格获得自己满意的商品和服务。而生产者根据市场上的供求关系变动和价格涨落，准确地判断需求变化，调整自己的投入和产出，使之在不断优化中取得更多的收益。市场所体现的消费需求，更是社会主义经济发展的出发点和目标，是实现宏观合理配置资源和优化经济运行的枢纽点，也是计划和市场两种机构结合的交叉点。

第四，市场经济意味着将从生产—供给—销售—需求的运行顺序，转变为需求—生产—供给—销售的运行顺序。使运行秩序得以改变的关键，是要使计划和行政定价让位于按照市场规律定价。市场上各种交易对象真正循着价值规律和供求关系的力量制约，才能调整生产需求的对应性，从而避免资源浪费和商品滞销脱销。

刘方棫教授指出，我们对消费机制的认识经历了一个历史发展过程。第一阶段是20世纪50年代后期至70年代后期，轻视消费重视积累，亦即重生产轻消费，计划积累率偏高，消费率偏低。当时消费率偏低具有多种原因，但其关键在于希望通过压缩消费来增加积累或维持高积累。消费对生产有积极的反作用，满足人民的正常消费是取得经济稳定持续发展的根本保证。压缩正常的消费实现的高积累是不可能持久的，并不会带来经济的持续高速发展。兼顾正常消费而实行的适度积累，反而可能带来较高的增长速度和经济效益。

强调消费的积极作用，并不意味着可以离开生产的媒介，去绝对地鼓吹消费率越高越好，消费越多越好。如果最终消费率高于80%，会降低必要的积累率，延缓国民经济的发展速度，使人民物质文化生活改善缺乏后劲和物质基础，人民的长远利益受到损害。

科学的消费观强调生产和消费的直接同一性。一是生产不要脱离消费，要为满足人民的生活需求这个最终目的服务，要使消费的实现变为自己进一步发展的动力。二是消费也不应超越生产提出的原则界限，即消费需求只能依赖物质需求的不断满足，离开必需的物质基础，空谈改善生活是无济于事的。

消费水平不宜提高得太快，必须保证今天消费获得改善的同时，兼顾生产发展的需要，即使明天的消费获得继续改善的物质基础。那些以为生产的目的、动力来自消费，就可以把生产出来的东西都拿来消费，把今天的消费水平提得越高越好、越快越好的看法，并不符合生产与消费的直接同一性的原理，它同“为生产而生产”的主张一样，在理论上也是一种幼稚病。

十一届三中全会以后，国家扭转了“重生产、轻消费”的历史偏见，国家在偿还人民生活“欠账”和提高人民物质文化生活水平方面做了大量工作，取得了巨大成就，并促进了改革与开放的势头。但改革开放十余年来，也曾交替出现过消费超前和需求不足两种端倪，尽管它还没有成为一种必然倾向，但必须引起注意。

消费超前端倪主要表现为，居民平均收入的增长率一度超过全社会劳动生产率的增长率。而且在个人消费增长的同时，社会购买力迅速扩张。社会集团购买力膨胀增速更是凶猛。社会集团消费需求膨胀，扩大了供给与需求不平衡的矛盾，既增加了国家财政负担，又增加了市场压力，助长了攀比和奢侈消费。尤为严重的是20世纪80年代后期由于价格闯关导致较高的通货膨胀率，出现极为严重的抢购风潮。在这种情况下，人们“自我保护”，纷纷从银行提存款抢购物资、消费商品，形成所谓“事出有因”的超前消费。

进入20世纪90年代后半期，国家在整顿治理阶段，通货膨胀率得到了有效控制，经济降温，社会总供给和社会总需求转趋平衡。但同时却出现了商品滞销、市场疲软、库存积压、效益下降的新局面，一定程度上反映需求不足、生产难以启动的端倪。出现以上问题的原因是，盲目引进、重复建设，各地产业结构趋同化，致使一些产品生产能力过剩、产大于销。一些厂家的产品粗制滥造、质量低下，产品技术滞后，产品结构调整和更新换代缓慢。消费者工资收入受到一定抑制，城镇消费者的承受力相对偏低。

针对上述问题，国家在继续整顿治理中大力调整了全社会固定资产投资，改善了产品结构和消费结构，拓宽消费领域，扩展消费渠道和流通渠道，并根据市场消费信息加快产品更新换代。在1992年全社会固定资产投资总额大幅上涨的基础上，需求不足让位于需求拉动，物价上涨幅度较大，一个新的消费热有可能在1994年到来。一个需求拉动攀比效应带动的超常消费，有可能变为超前的消费。

（二）正确应对消费需求变动

刘方棫教授认为，消费需求不足和消费需求膨胀并不是交替反复出现的客观必然。确立社会主义市场经济模式，有助于控制经济过热，抵制通货膨胀。政府调控是社会主义市场经济的当然组成部分，而不是可有可无的外来成分。

首先，在市场经济体制下，要尊重市场机制与政府宏观调控机制的统一性。切不可忽视市场机制自身的缺陷与不足，而应强调政府机制和市场机制的共融性与互补性，肯定政府在宏观调控中的重要地位与能动作用。要防止片面的单由市场机制决定一切的观点。

市场失灵是市场机制本身固有的功能缺陷，根源于市场机制自身的局限。正是由于市场机制存在失灵和失衡的不足，因此必须把市场和政府这两种调节机制正确地结合与统一起来。政府调控绝不是市场经济的外在因素、可有可无，而是市场经济系统中的必要组成部分，二者有其内在的共融性和互补性。

政府调控作用以市场力量和市场规则为依托，发挥相得益彰的效果，弥补仅靠市场机制的功能不足。政府在转变职能中要创造使市场经济运行顺畅和有序的宏观环境，对市场变量及时引导，规范和校正供求双方的经济行为，掌握好结构的合理和总量的基本平衡，把微观经济活动导入科学的宏观战略中来。

其次，从纵向的历史发展考察，现代市场经济的基本特征就是微观经济运行中都伴随必要的宏观调控。市场经济国家前期发展，曾经完全依赖过市场的自发发育和发展，反对政府的政策干预。但后来的实践证明，一个繁荣的市场也需要保持公益性和公正性，也需要宏观调控解决市场机制可能造成的弊端，这一点成了促进市场经济发展的现代新模式。所以在深化改革中必须加强宏观调控，不能仅靠市场自发运行和自由发展。

（三）制定宏观消费发展战略宜掌握的原则

首先，不宜简单提倡过度消费。消费水平要与收入水平相适应。适应高收入者的“高”消费不能被视为畸形，适应低收入者的“低”消费也属于常态。从微观看，消费者消费与储蓄也会产生超前或滞后问题。20世纪80年代前期，鼓励消费是一种有积极意义的措施，对拉动经济增长发挥了积极作用。但作为发展战略而言，鼓励消费要慎重有序。

其次，不宜压抑人民正常的消费，也不宜提倡消费滞后。消费完成生产行为，不仅是使产品成为产品的最后行为，而且是使生产者成为生产者的最后行为。消费本身就是生产活动的一个内在要素。压抑正常消费，必然会压抑正常生产，破坏再生产的良性运行。消费滞后不利于及时反映经济运行中的生产、流通与分配中存在的问题，进而不利于总量平衡和结构调整以及劳动力的再生产。

再次，应当大力倡导适度消费，消费必须与生产发展水平相适应。一方面，生产决定消费，只有生产出来的东西才能供消费，离开生产的物质条件而拔高消费显然不适当、不实际。另一方面，落后于生产的发展而遭到抑制的消费，不能对生产起积极的推动作用，也不符合社会主义生产目的，也是不适当的。

判断消费是否适度还需要考察以下因素：国民收入正常增长的情况下，积累与消费的比例是否兼顾了彼此需要的额度？居民消费与社会集团消费的增长比例是否大体协调？货币发行量、流通量与商品价格、商品供应量是否相适应？商品零售额的增长与居民收入的增长比例是否同步？商品供应结构与市场需求结构是否大体吻合？在商品价格指数正常情况下居民的储蓄、投资额的增长是否与实际消费额大体同步？等等。

考察消费适度的数量界限，必须明确它的最低界限与最高界限。最低界限一是消费量不能低于消费者的自然生理需要和劳动过程中劳动耗费的需要；二是消费度不应低于前期，即在正常情况下消费额应超过前期水平呈良性变动。最高界限在于，从宏观上看，消费者的收入增长不应超过劳动生产率的增长和国民收入的增长。

国民收入的最终消费率的高限，必须考虑非生产性和生产性积累的最低要求。消费的提高不宜妨碍最低限度的积累。其最高界限等于国民收入使用额与积累的最低需要之差。从微观上来看，就是消费者的最高消费要量力而行，就是“量入为出”，而不可“寅吃卯粮”，其常态就是消费支出后留有最低限的剩余——储蓄。

此外，要大力倡导消费文明。消费文明分为物质文明和精神文明两个方面。物质文明的标志是在生产发展、科技进步和消费品市场繁荣的基础上，使人民的物质生活水平不断提高。精神文明的主要标志是繁荣社会主义的精神文化生活，通过健康的娱乐活动，使人们建立科学的消费价值观。消费文明不仅反映社会主义生产发展的内容，而且反映着吃、穿、用、住、行服务的消费水平，即生产目的实现问题。对消费者的保护应得到立法、社会舆论及工商行政的指导。要发展高尚的社会风尚，树立社会主义的精神文明规范，建立科学文明的生活方式。

最后，要研究包括服务在内的消费品市场并做好消费品市场导向，促进消费品的生产与发展，使人们对消费品的需求得到更好的满足。要根据经济发展与市场变动有效培植市场消费热点，并予以积极引导。在确立我国市场经济体制的过程中，国民经济部门应对人民的消费热点及其走向开展调查研究，选择与制定实现全面小康的最佳战略，运用宏观的宣传教育手段并从金融、财税、工资收入等政策方面对消费倾向、消费方式和消费行为积极引导，搞好供求关系的调节。这对完善和转换政府职能、加强宏观调控，从而促进国民经济良性运作，推动人民消费健康的发展，具有重要的意义。

20 世纪 90 年代在中国经济体制改革发展过程中是一个极为重要的历史时期。1992 年确立社会主义市场经济体制改革目标后，我国经济体制改革全面加速，但在此过程中受长期计划经济体制与双轨制经济体制的影响，经济在保持高速发展的过程中，消费发展表现出无序状态，未能正常地发挥出拉动经济增长的作用。而在经济高速发展过程中，正如刘方棫教授所指出的，已经蕴含着由于超前消费所导致的通货膨胀。在多种因素作用下，果然自1994年开始，经济连续三年陷入高速通货膨胀，充分显示出刘方棫教授预测的准确性。受到多种因素的限制，刘方棫教授提出的市场化的消费战略，并未能在实践中得到很好的落实。随着经济持续发展，最终消费率总体呈现下降趋势，最终消费需求对经济增长的贡献率不断下降，提升最终消费率、充分发挥消费拉动经济增长的作用任重道远。

第二节　其他消费经济学学术思想

刘方棫教授并不满足于已有研究，总是根据不断发展变化的经济社会发展实践，持续深入拓展消费经济研究。20世纪90年代以后，根据当时在经济发展中最终消费率持续下降与最终消费需求对经济发展贡献逐步降低的背景下，刘方棫教授更是深切感受到消费理论研究的相对滞后以及消费对经济发展贡献的不足，深入探讨了如何更好地实现投资与消费双拉动等问题，为推进消费经济研究以及有效发挥消费拉动经济发展的重大作用不遗余力。

一、关于拉动消费与需求膨胀

（一）关于拉动消费的相关问题

《关于我国消费的几个问题》一文发表于《贵州社科通讯》（1985年第10期）。1985年城镇经济体制改革刚刚启动，消费在拉动经济增长中发挥着越来越重要的作用，消费正处于升级的过程中，进而拉动了产品供给，消费结构与产业结构的相互促进有效拉动了经济增长，居民生活水平与消费水平不断改善，但在此过程中也出现了无序消费、部分消费品过快增长等不利情况，在此情形下，刘方棫教授针对消费中存在的几个问题提出了解决的措施。

该文首先指出当前国家消费总的现状与存在的问题，产业结构与消费结构还不完全吻合，价格双轨制在不同程度上存在，人民吃住紧张状况未能完全缓解，消费模式给国家财政造成了重大负担。

在当时尚未真正确立消费在国民经济中的重要地位，刘方棫教授进一步强调了这个问题，指出生产和消费是两个不同的领域，谁也不能代替谁，谁也少不了谁，二者互为条件、互相促进，应该兼顾，而不能片面强调一方忽视一方。生产为消费提供规定性，消费反过来为生产提供规定性，二者不可偏废。

刘方棫教授进一步指出，要坚持社会主义消费观，把消费活动引向社会主义方向。要把满足人民的物质文化生活需要作为我们的经济目的和动力，把马克思主义生产消费同一性原理贯彻好。应当充分发挥消费的显示器与指示器作用，密切产需关系。

（二）消费需求膨胀的原因及治理对策

《消费需求膨胀的原因及治理对策》一文发表于《经济学家》（1989年第3期）。随着价格体制闯关，1988年出现了改革开放以来第一次较为严格的通货膨胀，消费价格高启。该文即针对社会中存在的无序风潮进行了分析。

刘方棫教授指出，社会上出现的通货膨胀主要是由消费需求膨胀拉动导致的，在通货膨胀产生了较大负面影响的情况下，国家经济稳定发展和改革深化都面临严重困难，改变这一状况成为当前治理经济环境和整顿经济秩序的当务之急。

消费需求膨胀的主要原因包括经济原因等。就经济原因而言，经济体制转轨过程中存在疏漏与不完善。在经济体制转轨过程中，旧的经济管理体制还在发挥作用，新的经济管理体制还不完善，给消费需求提供了膨胀环境。由于企业行为不合理产生的消费需求膨胀表现为：企业有不合理行为，奖金计入成本，工资侵蚀利润，调低成本虚增利润多留利，该冲减的利润不冲减，截留差价，编造假利润，等等。

此外，还有投资膨胀、个体收入膨胀与社会集团消费膨胀等原因。在诸种因素的多种合力下，导致社会总需求膨胀，产生严重的通货膨胀。

刘方棫教授指出，治理消费需求膨胀需要采取多种措施：一是节流，即采取经济、法律、政治、社会心理等手段综合治理消费膨胀，把消费需求膨胀的势头冷却下来；二是开源，即发展社会生产力，调整不合理的产业结构，解决供求上的突出矛盾，使产品从数量和结构上尽可能地满足人们的需求，这是更根本性的长远的措施。无论节流还是开源，二者都要依靠改革来实现，在改革中得到统一。

为此，首先，要树立消费需求的增长必须符合国情、适度消费的观念；其次，改革企业体制，合理构造微观经济基础；再次，规范企业的外部环境，改革宏观控制机制；最后，改革现行的干部体制，科学引导居民合理消费。

二、后90年代消费市场战略

刘方棫教授针对长期计划经济体制下被国家管控的计划消费模式，指出计划消费模式必须向市场消费模式转变。

社会主义市场经济的发展客观上要求向市场消费转变，市场取向改革也将促使消费向市场化转变。而且随着我国经济的迅速发展，社会主义经济生活中严重短缺状况得到了一定程度的缓解，消费市场化已具备了必要的物质条件。短缺型的计划经济消费是受资源约束的被给定的消费，市场经济的消费是受需求约束的消费。

当前基础设施滞后不适合后90年代消费者的需求，国家要相应调整消费政策和环境，使基本建设消费与其他的“热点”消费相配套。“信贷消费”严重滞后，在商品“相对过剩”的情况下，只搞信贷生产而忽视信贷消费是不可行的。

市场消费是消费未来发展的方向。刘方棫教授指出，市场消费包括以下基本内容：

首先，从必需品和非必需品的划分来看，计划机制的调控范围适用于生活必需品，尤其是在消费品供给不足的情况下，对生活必需品实行计划调控是十分必要的。

其次，从宏观消费和微观消费的划分来看，对关系到积累与消费、消费水平与消费结构等宏观消费问题，更适宜计划调控机制发挥作用，以促进宏观消费领域的有序性。而对于诸如消费者行为、家庭消费活动、消费品内部结构调整等一系列微观消费活动，则应由市场调控机制划分。

最后，从物质生活、文化生活与政治生活的划分来看，总的格局和趋势应当是物质生活市场化、文化生活半市场化、政治生活非市场化。

为实现20世纪90年代后期的市场消费战略，首先要继续深化消费体制改革，坚持市场取向。大力发展社会主义市场经济，建立和完善我国社会主义市场经济新体制，在整体改革逐步推进和深化的背景下，为了加快消费市场化进程，必须继续深化消费体制改革。

90年代消费体制改革的主要任务是进一步扩大消费者的消费自主权和决策权，逐步形成国家、企业和劳动者个人等多元消费决策层次和体系。把市场机制更多地引入消费领域，形成以市场调控机制为主体的消费调节体系。广泛建立和发展各类消费者组织，加强消费者保护，切实维护和保障消费者的主权。

要配套进行工资分配制度的改革，不断完善以按劳分配为主体的多种分配方式，使消费者的收入水平和消费能力在生产发展的基础上有较快的增长。

要抓住时机，切实加快价格改革步伐，全面放开消费品价格，逐步减少国家的物价补贴，并把物价上涨的幅度切实控制在消费者所能承受的范围之内。

要针对居民消费中的突出问题，加快住房和轿车商品化与更新换代进程，进一步改善城乡居民的居行条件。在此基础上，加快服务消费市场化进程，实现真正意义上的市场消费。

其次，解放思想，转变观念，全面推进消费市场化。计划与市场、计划调节与市场调节、计划经济与市场经济这一类经济范畴，在相当长的时间里被看作姓“资”和姓“社”的分水岭。必须进一步解放思想，破除教条主义、摒弃传统的错误观念，深入学习，广泛宣传市场经济，进一步健全完善社会主义市场经济理论，加快改革步伐，全面推进消费市场化进程。

最后，尽快建立和完善社会保障体系。市场调节机制具有优胜劣汰、公平竞争的优势，有必要在积极发挥市场机制的功能优势、提高消费的社会经济效益的同时，注意弥补市场调节的功能缺陷。在20世纪90年代的消费市场化进程中，必须千方百计建立健全养老保险和失业保险制度，逐步健全完善社会保障体系。

针对20世纪90年代这一特殊时期，在宏观消费战略上，一是不宜提倡过度消费。二是不宜压抑人民的正常消费，不宜提倡消费滞后。三是大力倡导适度型消费。四是倡导消费文明。消费文明分为物质文明和精神文明，物质文明是使人民生活水平不断提高，精神文明是繁荣人民的精神文化生活。五是研究包括服务消费市场在内的消费品市场导向并搞好消费品市场环境建设，促进消费品生产的发展，使人们对消费品的需求得到更好的满足。

有效确立市场消费战略对确保公众消费权益与促进消费具有积极意义，在社会主义市场经济体制下更有必要通过确立90年代和后90年代的市场消费战略，让公众更加充分地掌握消费主动权，发挥市场在配置消费资源与拉动消费中的重大作用，通过确立市场消费战略更好地促进消费发展。同时要针对当前消费发展滞后的实际情况，制定出更加有效的拉动消费的战略，更充分地发挥消费在经济发展中的重要作用。

为更有效地制定和完善消费战略，要做到以下几点：

首先，除取消一些限制消费的政策规定和习惯做法，还应加快收入分配体制的改革，让消费者拥有更多的改革受益权，使居民收入在近期有实质性和突破性的提高，以不断恢复和提升消费者的信心。

国家应尽快使职工收入和福利工资化、货币化，逐步将“暗补”变为“明补”，将个人消费从社会集团消费中剥离，同时严格限制各项不合理收费，实现收入增量市场化，尽快改变居民收入尤其是中等阶层收入连年停滞的局面，使消费者有更大的消费选择权和决策权。

要有效拓展社会再就业渠道，保障大量下岗、待岗、失业人员和社会低收入阶层的基本生活，通过有效的对个人收入所得税的征管，兼顾效率和公平，缩小收入两极分化的程度，维护社会的稳定。

其次，大力更新消费者的消费观念，扩大消费倾向。我国消费者的消费观念已经或正在实现三个转变。过去短缺经济时代大力提倡约束性消费，即在满足基本生活需要的基础上，鼓励积累和投资，增加信贷生产，反对消费超前和消费需求膨胀。

进入 20 世纪 90 年代之后，计划经济逐步让位于市场经济，物资从短缺逐步变得丰富，消费规模逐步扩大，经济增长由生产导向逐步转为消费导向，消费者的消费观念逐步转为适中型消费。所谓适中型消费，是指消费结构和消费规模既不超前也不滞后，消费收入和消费行为相对协调化。

当前消费者的观念正在从适中型消费演进为拓展型消费。拓展型消费经济是适应买方市场产品相对过剩的情况。我国目前正处于拓展型消费阶段，消费观念也应适应时代要求，适度地更新换代。

应努力发展消费信贷，根据信贷的种类范围，简化信贷手续，建立配套的个人资信评估体系和担保抵押制度，鼓励居民消费信用化，发展分期付款和租赁服务等消费模式。合理地提前释放居民的潜在需求，使居民的消费欲望得到信贷的有力支持。目前尤其应该从汽车、住房和大宗电器上开展消费信贷，鼓励消费者善于且敢于动用储蓄或“用明天的钱圆今天的消费梦”，促进消费热点的形成。

再次，要努力降低城乡居民的预期支出。主要是进一步加快住房、医疗保障和教育及其他福利制度的改革，增加改革的透明度和到位率，减少不确定性。要杜绝各类不合理定价和垄断价格，调低服务成本，降低住房价格，兑现职工住房的优惠政策。

最后，还要培育需求热点，引导和推进消费亮点。除了住房消费、轿车消费、旅游消费、通信信息消费、教育消费在小康阶段将保持长期稳定的增长，成为升级换代的显著热点，还应培育新的需求热点，拓展和引导消费亮点。一是便捷消费。比如邮件快递、快餐送餐、快速洗像和摄影、家庭医疗保健、家政快速服务、电子订货送货等。二是个性消费。随着人民生活水平的提高和享受型消费的扩展，人们的消费需求追求自我实现和个性化将日益突出，在以人为本的理念下，越来越多的服务将呈现个性多元化。三是租赁消费。随着城市化加快，大量来自农村、山区的人口向城市流动，促进了与流动消费相适应的租赁消费的发展。四是绿色消费。绿色消费的基本内涵是安全、健康、无污染、无公害，消费行为不贻害子孙后代。随着人们生活质量的不断提高，安全和健康消费正逐渐成为人们生活的主题和时尚追求，绿色将涵盖衣、食、住、用、行和劳务等方方面面，成为人们消费生活的一种常规，并引发物质生产和市场供给的一场深刻革命，对人的自由发展和寿命预期必将产生积极的影响。

刘方棫教授对于20世纪90年代之后的市场消费战略极具战略超前性，针对当时消费领域存在的重大问题，提出了在确立社会主义市场经济体制改革目标后，对于扩大消费、有效发挥消费在经济发展中的重大作用，提出了相应的对策措施。就当前经济社会发展形势而言，刘方棫教授所提出的大部分对策措施仍具有相应的战略意义与实践价值。不过，受到当时形势与认识的影响，个别观点有所过时，如对生活必需品实施计划调控，但这仍无碍他所提出的对策措施总体的有效性与适用性。

三、扩大消费是应急举措还是长期战略

人们对启动消费在我国宏观经济调控中的地位存在不同的认识。有人认为，启动消费只不过是针对我国当前内需不足的现实所实行的一种短期操作，是一种权宜之计。一旦经济彻底走出通货紧缩，宏观调控的重点仍然要以调控投资为主，因为投资需求对政策具有更高的敏感性，从而也更容易见效。

刘方棫教授认为，这种观点实质上是沿袭了计划经济的思路。在计划经济条件下，由于国有企业是企业的主要形态，国家政策或者准确地说国家的行政指令对企业有很强的约束力，加之当时是短缺经济，只要扩大投资就可以实现经济增长。

但改革开放以来，我国经济已发生了很大变化。自 1996 年以来，我国经济已开始进入买方市场，市场的消费需求成为矛盾的主要方面。如果没有消费的引导和配合，投资的扩大就是盲目的，只能造成更多的库存，导致频繁剧烈的经济波动，从而不可能支撑经济的持续增长。对于大国来说，只有走国内消费需求主导型的增长道路，才能把握经济发展的主动权。

特别是在市场经济条件下，随着消费在国民经济良性循环中的

枢纽作用、在经济增长中的动力作用日益突出，其已成为保持我国宏观经济稳定和持续增长的关键。偏低的最终消费率不利于为国民经济的增长提供必要的内需主导的市场条件。因而，启动消费不应当被看作应急措施，而是宏观调控的着力点和长期的战略举措。

居民消费是最终消费需求的重要组成部分。对居民消费的宏观调控有以下措施：

第一，创造一种良好的经济和政策环境，使体制约束对居民消费的影响降至最低。居民尤其是农村居民收入增长缓慢仍然是制约居民消费增长的重要因素，而且居民消费倾向偏低的问题更为突出。虽然投资不过是消费的派生需求，但它对消费的响应不是消极的、被动的，二者之间也并非一种线性的关系。消费和投资作为内需的两个重要组成部分，紧密相连、不可偏废，二者呈良性循环才能带来经济的持续稳定增长。启动消费必须与刺激投资有机地结合起来。

第二，必须密切关注居民消费行为的变化特点和发展动向，适时地运用政策手段培育消费热点，促进居民消费的增长，不断提升居民消费水平。启动消费除了要善于借力——借消费热点之力，更重要的还是要立足长远，实现可持续消费。

第三，要进一步深化改革，从优化体制和环境方面促进经济发展与技术进步，改善就业机制，从而不断提高居民持久收入，为居民消费的持续稳定增长奠定坚实的基础。在促进经济增长的同时，做好环境保护和环境治理，提高居民的消费质量。大力研究市场消费行为的个性化、差异化趋势，按照消费需求多层化和多样化的特点，改善和优化投资结构与市场供给结构。

四、妥善处理生产与消费的关系

21世纪初，针对在经济增长过程中过分强调生产而忽视消费的作用，刘方棫教授发表文章，强调要充分重视发挥消费的作用以及妥善处理生产与消费的关系。

刘方棫教授指出，过于强调生产、忽视消费的论调很危险，不利于发挥市场在资源配置中的基础性作用和消费在经济发展中的重要作用，有必要予以澄清。

生产和消费的关系历来是受经济学家重点关注的问题，对于生产和消费的讨论主要受到特定的历史和经济条件的影响。马克思提出了生产与消费同一性的著名论断。但遗憾的是，这一论断在计划经济体制下并没有得到贯彻，计划经济体制下片面强调生产对消费的作用，而忽视了消费对于生产的作用。计划经济体制之所以退出历史舞台，与这种忽视消费对于生产的作用不无关系。

改革开放以来，尤其是确立社会主义市场经济体制的改革目标后，我国在经济发展中开始逐步重视消费对生产的重要作用。党的十六届三中全会提出要更大程度地发挥市场在资源配置中的基础性作用，从一定意义来讲，这是充分肯定和重视了消费对生产的引导作用。

市场在资源配置中作用的发挥，就是靠消费来引导生产，通过市场把消费状况反馈到生产环节中去，使企业生产出符合市场需要的产品，从而起到资源配置的作用，以实现经济发展和效率最大化。这样消费就在国民经济运行中充当了显示器和指示器，引导生产向着消费需要的方面，把资源配置到更符合市场需要的方面，使市场在资源配置方面发挥基础性作用。从这个意义上来讲，消费决定着生产。

那种过分强调生产的观点，忽视了在我国社会主义市场经济条件下，在目前尚未摆脱通货紧缩、供大于求以及投资热消费冷的情况下，要充分强调与发挥消费对生产的决定作用。企业必须生产出在市场上适销对路的产品，否则不但企业难以生存，而且造成资源的极大浪费。市场经济在某种意义上可以称为客户经济，如果没有客户，企业也就失去了赖以生存的基础，如果企业不以市场需要为指导，而是盲目生产，就难以发挥市场对资源的配置作用，社会主义市场经济也就成了空话。

消费引导生产，这种消费既包括现实消费，也包括潜在的消费需求。这些潜在的消费需求可能是由于没有适当的产品而无法实现，或者消费者自己还没有清楚地意识到。这就要求企业不但要抓住消费者的现实需求，而且要敏锐地抓住他们的潜在需求，开发出消费者需要的产品。从这个意义上来讲，也是消费决定生产，正是企业为满足消费者的消费需求，才生产出相应的产品。

近年来我国经济陷入通货紧缩，原因当然是多方面的，包括消费者对未来预期不稳、消费结构升级遭遇瓶颈、收入分配差距过大等，而生产不能完全满足消费者的需求也是重要原因之一。正是需求与供给的不匹配，导致消费者的消费需求难以得到有效满足。

在社会主义市场经济条件下，只有更加重视消费对生产的重要作用，才能更好地发挥市场在资源配置中的基础性作用，扭转投资过热、消费过冷的不利局面，早日摆脱通货紧缩，提高资源配置效率、减少资源浪费，更好地发挥消费在国民经济发展中的重要作用，更好地提高人民的物质文化生活水平，更深入地把社会主义市场经济体制的建设不断推向前进。

当然，重视消费对生产的作用，并不是不重视生产，或者不承认生产对消费的作用。正是由于重视消费对生产的作用，才有必要更进一步重视生产，切实以消费为导向、生产出适销对路的产品，这无疑对生产提出了更高的要求，需要对生产更加重视。

总而言之，重视消费对生产的作用，才更符合马克思关于生产和消费同一性的论断，才能更充分地发挥生产和消费两个环节的积极性，把社会主义建设不断推向前进。

五、促进和完善投资与消费双拉动

当宏观经济状况由需求膨胀转为通货紧缩时，需求约束已成为制约我国经济发展的主要因素，必须花大力气启动消费。刘方棫教授指出，在投资对经济发展仍将发挥重大作用的前提下，需要发挥投资与消费共同拉动经济发展的重大作用，有效促进与完善投资和消费的双拉动。

人们对于投资和消费关系的认识并不一致。在计划经济时期，由于对外封闭和资源普遍短缺，投资和消费基本上是此消彼长的竞争关系，即增加投资必然减少消费，反之亦然。

改革开放以来，特别是1997年买方市场逐步形成以来，投资和消费之间的关系发生了根本性变化。投资的增加越来越依赖于居民消费需求的增长，而居民消费的选择性也越来越强。也就是说，在短缺经济条件下投资（生产）决定消费的生产者主权经济，已逐步让位于消费引导乃至决定投资的消费者主权经济。

在此背景下，刘方棫教授指出，投资和消费双拉动，是指在市场经济条件下，以消费引导投资为前提，以投资和消费的良性循环为基础，通过投资和消费的互动来实现内需扩大的经济增长模式。

理解投资和消费双拉动应把握以下要点：

第一，投资和消费双拉动是以社会主义市场经济体制为背景的。

第二，投资和消费双拉动是以肯定消费的主导作用为前提的，双拉动的根本动力在于消费的拉动，投资的拉动作用在某种程度上具有派生性，这主要缘于市场经济本质上是需求约束型经济的特征。

第三，投资和消费双拉动是以二者的良性循环为基础的，离开了二者的良性循环，即消费的增长不能有效地吸引投资的增加，或者投资的增加不能顺利地转化为消费的增长，那么它们各自对经济增长的拉动作用就都要大打折扣。

第四，投资和消费双拉动是与质量效益型的集约型增长相适应的，因为只要双拉动是建立在二者良性循环基础上的，那么由此所带动的经济增长就必然是一种资源浪费少、质量效益高的集约型增长。在这种经济增长模式下，投资和消费不再是彼此竞争的替代关系，而是相互影响、相互推进的互动关系，二者的联合作用构成了扩大内需和经济增长的主旋律。

投资和消费双拉动是克服通货紧缩趋势、实现国民经济良性循环的需要。我国通货紧缩的压力依然存在，关键就在于投资和消费之间良性循环的机制尚未形成，或者说双拉动尚未完全实现。正是由于投资和消费之间存在结构性失衡，才导致许多产品和服务不能获得价值实现，投资相应萎缩，劳动力就业困难，职工收入难以增加，并进而阻碍居民消费的增长。

长此以往，国民经济就会陷入物价和经济增长率交错下降的恶性循环。为了克服通货紧缩趋势，使国民经济形成良性循环，必须采取有力措施理顺投资和消费之间的互动关系，实现投资和消费的双拉动。这一方面意味着投资增加所形成的供给可以为居民消费需求的增长所消化，即投资提供的产出可以顺利地实现其价值，不存在产品积压和资源的浪费；另一方面则意味着居民消费需求的增长和消费结构的升级，可以为企业新增投资所提供的供给所满足，即不存在被动储蓄。

一般而言，实现投资和消费双拉动主要包括三个方面的内容：如何有效地实现投资拉动，如何有效地实现消费拉动，以及如何使投资拉动和消费拉动有机结合起来并实现良性循环。

为了提高积极的财政政策对投资拉动的效果，应对其进行适当调整。在投资分布上，向农村倾斜，向中西部特别是西部地区倾斜，以完善农村基础设施，推进农村的城镇化进程，加快西部地区经济社会发展。

在投资方向上，要更加重视农村和低收入的群体的基础教育和人力资本投资以及社会保障体系建设，以促进国民素质的提高和社会的长期稳定发展。

在财政政策工具的运用上，要更加强调增加公共投资和结构性减税并重，特别是要加大对企业增加符合国家产业发展方向的固定资产投资和研发投入的税收支持力度，以更有效地促进企业的技术创新和产业、产品结构升级。

刘方棫教授指出，就消费拉动而言，促进居民消费增长的关键，一是如何增加居民收入，二是如何提高居民的消费倾向。实现消费拉动最重要的途径，就是不断增加居民的可支配收入。要提高居民收入以拉动消费，首先是保持经济快速增长，以支撑居民收入的增加；其次是实行就业优先和社会保障建设优先的政策，以提高城镇居民的可支配收入，减少预期支出；最后是通过大力推进农村城镇化、减轻农民负担、加大财政转移支付等手段，多渠道增加农民收入。

在确保收入增长的同时，提高居民消费倾向要做到以下几点：

第一，采取有力措施防止收入差距过分拉大，特别是要抑制非法和不合理的收入所导致的收入差距扩大，同时重点扩大中等收入者比例，使之成为消费拉动的中坚力量。

第二，加大西部大开发和农村城镇化建设的力度，逐步缩小城乡差距和东西部差距。

第三，尽快完善社会保障体系，增加对困难群体的就业支持和转移支付。

第四，积极发展消费信贷，减少居民消费的流动性约束。

第五，针对当前的消费热点如汽车、住房、教育消费等，加快政策调整，以改善消费环境，刺激居民消费。同时，还应努力改善供给，创造新的消费增长点。

另外，要实现消费拉动，诸如市场信用和秩序问题、消费教育和消费引导问题等也不可忽视。要实现投资和消费双拉动，关键是实现投资拉动和消费拉动的良性循环：

第一，根据国民经济运行的具体情况，适时调整投资拉动和消费拉动的力度，使二者在时间上相互继起，在效果上互相加强。

第二，正确处理投资和消费的互动关系，让消费更多地发挥拉动作用。必须有意识地更新思想观念、改善宏观调控，使投资需求的扩大同扩大就业、改善人民生活、促进消费结合起来，使消费逐步成为社会投资的“引路人”和经济增长的“火车头”。

第三，建立完善的金融体系，特别是发展和规范证券市场，促进居民储蓄顺畅地转化为投资，使消费拉动和投资拉动共同发挥作用。

投资与消费共同的拉动作用必须相互协调，不能厚此薄彼，特别是不能过分重视投资对经济增长的拉动作用，而忽视了消费的重要作用。不幸的是，在我国实际经济运行过程中确实存在过分强调投资的作用而对消费重视不足，这才导致近年来最终消费率持续走低，这既难以改善公众生活，也不得不进一步依赖投资拉动经济增长，进而陷入了消费降低依赖投资致使消费进一步降低的恶性循环。如何在有效重视消费对经济增长拉动作用的基础上，更加有效地发挥投资与消费对经济发展的双拉动，是当前及未来一段时期确保经济全面协调与可持续发展的重大课题。

第三节　简要评价

刘方棫教授的《消费经济学概论》奠定了他作为消费经济学倡导者与创始人之一的地位，但他对消费经济的研究并不仅限于《消费经济学概论》。以主编的《90年代中国市场消费战略》以及发表的大量论文为代表，刘方棫教授对消费经济问题进行了全方位的深入研究，内容涵盖消费经济学的方方面面。刘方棫教授对消费经济学的有关研究，对于在推进以市场化为取向的经济体制改革进程中确立市场化消费战略，更有效地提升消费水平与改善公众生活水平，充分发挥消费拉动经济增长的应有作用，具有重要的理论价值与实践意义。

刘方棫教授与杨圣明研究员主编的《90年代中国市场消费战略》，是在已确定社会主义市场经济体制改革目标的背景下，在国家刚刚提出社会主义市场经济体制改革目标之初，即以敏锐的洞察力认识到消费在社会主义市场经济体制改革中的重要地位与作用，极具超前意识地提出了未来一段时期在推进市场化经济体制改革过程中应予采取的市场化消费战略。实践证明，能否有效采取正确的消费战略并有效发挥消费对于经济增长的拉动作用，将极大地影响后90年代经济的可持续增长。

对经济发展实践而言，受确立社会主义市场经济体制改革目标的影响，由于投资过热导致高速的通货膨胀，1995年通货膨胀率甚至达到了24.5%。过高的通货膨胀率说明经济增长中消费的作用没有被置于适当的位置，而且严重影响到居民生活。

虽然这一轮高速通货膨胀未发生类似于1988年的抢购风潮，但是其长远的负面影响不容忽视。正是因为国家对高速通货膨胀治理相关政策有所矫枉过正，导致从1997年起经济又陷入通货紧缩。虽然通货紧缩、物价下降貌似有利于消费者，但由于其对就业等产生的负面效应等，实际上公众受到更大的负面影响，对于宏观经济与社会发展产生更大的负面效应。

从20世纪90年代经济增长与消费发展而言，经济增长虽然保持了较高的速度，但其中消费对经济增长拉动的作用较为有限，公众也未能从快速经济增长的过程中获得实惠。这更从反面证实了，确立合理的消费战略多么重要与必要。实际上，在改革开放以来经济增长的过程中，为追求高速的经济增长，投资与净出口在拉动经济增长中发挥了极为重要的作用，而消费对经济增长的拉动作用较为有限，自 2000 年以来逐年下降的最终消费率即是明证。

从官方表述看，对消费的作用重视也有所不足，尤其是近年来一直声称发挥消费对拉动经济增长的基础作用，虽然强调消费对拉动经济增长具有基础作用，但是如何有效拉动消费并无立竿见影的举措，最终消费率也长期处于低位。

正是由于一直对消费拉动经济增长的作用重视不足，而一旦随着外需缩水，外贸出口降低对经济增长拉动的作用不复以往那么强大，加之内部消费需求一直难以有效提升，经济增长速度下降自然就属于意料之中的事。

综观改革开放以来经济增长进程以及消费在其中发挥的作用，更显示出了有效发挥消费作用的必要性。但实际上受多种因素的影响，消费对经济增长拉动的作用相对有限，居民消费水平难以有效提高，最终消费需求对经济增长的贡献率仍有待进一步提升。

在《消费经济学概论》与《90 年代中国市场消费战略》的基础上，刘方棫教授对消费领域中存在的突出问题进行了广泛而又深入的研究，发表了大量的论文。相关研究对拓展消费经济学研究的深度与广度，做出了突出的贡献。

自刘方棫教授退休后，北京大学经济学院没有了继续指导消费经济学博士研究生的导师，不能不说是个遗憾。加之刘方棫教授在研究的过程中，未能形成一个研究消费经济学的团队，也不得不说是个遗憾。受多种因素的影响，可能更主要是因为他与世无争、甘于平淡。刘方棫教授也较少与其他人合作，为数较少的合作者中较多的是其博士研究生。虽然如此，刘方棫教授在退休之后，仍然撰写了一定数量的消费经济学方面的论文，不断结合当时的经济发展对促进消费发挥拉动经济发展的作用出谋划策。

第五章 CHAPTER 5

生产力经济学学术思想

第一节　概　述

生产与消费密不可分。正是在20世纪80年代前期对消费经济学研究的基础上，刘方棫教授越来越认识到已有研究对生产力经济学研究的忽视，开始在教学实践中逐步开设生产力经济学课程，并对构建生产力经济学体系进行了深入的思考。

在开设有关课程与进行深入研究的基础上，刘方棫教授于1988年主编出版《生产力经济学教程》，并在实际研究工作中不断加强对生产力经济学的研究，于1998年主编出版《生产力论：邓小平经济理论的基石》，进一步拓展了对生产力经济学的研究，对不断深入探讨生产力运动的规律以及更好地提高生产力、发挥生产力对拉动经济发展的作用，具有重要的理论意义与实践价值。

正如刘方棫教授所言，经济体制改革的关键是要解决如何发展生产力的问题。在改革开放之初在对社会主义经济理论与实践的教学与研究的基础上，刘方棫教授就意识到了发展生产力的重大作用，只是较早的时候他将精力主要放在消费经济学的研究与构建上。1984年出版《消费经济学概论》后，在继续关注消费经济学研究的同时，刘方棫进一步认识到发展生产力的重要性，充分认识到研究生产力经济学的重要性。

根据生产与消费同一性的原理，刘方棫教授在创建和倡导消费经济学的基础上，进一步创建和倡导生产力经济学也有其逻辑必然。或者说，正是由于对消费经济学的研究与重视，刘方棫教授才意识到创建和倡导生产力经济学的必要性与重要性。出版《消费经济学概论》与《生产力经济学教程》，在刘方棫教授的研究领域中很好地体现了消费与生产的同一性。

刘方棫教授自20世纪70年代后期与80年代初期即开始进行生产力经济学的研究，并发表了相关著述。早在1981年由贵州人民出版社出版的《生产力经济学文集》中，就收有刘方棫教授的《生产力经济学研究对象的几个问题》。《生产力经济》（1983年第2期）也刊载了他的《生产力经济学的对象、地位与方法》，当时生产力经济学已经初具框架。

从时间交集上看，刘方棫教授对消费经济学与生产力经济学的研究应该是交替相互进行的，在70年代后期与80年代初期对消费经济学的关注更高，在80年代中期将精力更多地转向生产力经济学研究。

80年代中期，刘方棫教授在北京大学筹办生产力经济学讲座，邀请了许多社会上的知名学者来北大讲课。随着对生产力经济学研究的不断深入，1988年10月他主编出版《生产力经济学教程》，该书获得了多项奖励，并被多所高校指定为生产力经济学教材。随着改革开放的不断深化，刘方棫教授在对生产力经济学研究不断深化的基础上，1998年11月与博士研究生共同撰写的《生产力论：邓小平经济理论的基石》，由江苏人民出版社出版。

理论界对生产力经济学的关注与重视由来已久，但较长时期以来生产力经济学作为一门学科并没有其应有的地位。对生产力经济理论的研究，大致起步于20世纪50年代，共经历了四个时期。第一，启动时期，即50年代初至60年代初。第二，萌发时期，即“文化大革命”以前的60年代前期。经济学界曾提出要重视对生产力运动规律的研究，就有建立一门专门研究生产力规律的经济学学科的创议。第三，冬眠时期，1966—1976年。第四，发展时期，即1977年以来。

“文化大革命”结束后，生产力经济学研究得到了复苏。1980年全国生产力经济学科研究会成立，并陆续召开多次全国性学术研究会，生产力经济学研究获得了长足的进展。1983年6月，杭州的一次会议上确立了生产力经济学作为一门独立学科的教学大纲和理论研究大纲。

刘方棫教授写作出版《生产力经济学教程》既有其个人长期研究的因素，也体现了国家层面对生产力经济学的重视。1998年在学习邓小平理论经济思想的基础上，他又主编出版研究生产力经济学的另一力作，即《生产力论：邓小平经济理论的基石》。本部分以这两本著作为重点，介绍刘方棫教授的生产力经济学学术思想。

第二节　《生产力经济学教程》中的生产力经济学学术思想

刘方棫教授主编的《生产力经济学教程》，于1988年10月由北京大学出版社出版。该书由刘方棫、李悦、聂德林、刘伟等人共同完成。刘方棫教授负责导论及第二篇“生产力系统及其功能”的第八、九、十、十一、十二章。

一、概况

正如刘方棫教授在前言所说，《生产力经济学教程》是受原国家教委委托编写的全国高等院校文科教材之一。该书吸收和借鉴了当时学术研究的新成果，在收集了北京大学、中国人民大学和北京工业学院开设的相关课程的科研与教学心得基础上编写而成。在统一写作大纲的基础上，由刘方棫等六位同志编写，最后由主编定稿。经济学家、中国生产力经济学会会长孙尚清作序。

全书除导论共分七篇、二十七章。

导论为生产力经济学的对象、性质、地位与方法。

第一篇为生产力诸因素。包括第一章至第七章，分别为劳动者、劳动资料、劳动对象、科学技术、生产管理、经济信息、现代教育。

第二篇为生产力系统及其功能。包括第八章至第十二章，分别为生产力系统及其特征、生产力系统的组合目标与组合形态、生产力的结构与规模、生产力的布局与时序、生产力系统的环境。

第三篇为企业生产力。包括第十三章至第十六章，分别为企业生产力的配置、企业生产力的规模、企业生产力的运行、企业生产力的更新。

第四篇为部门生产力。包括第十七章至第二十一章。分别为产业部门的形成、分类与结构，产业部门结构的发展趋势，第一产业生产力，第二产业生产力，第三产业生产力。

第五篇为区域生产力。包括第二十二章至第二十四章。分别为我国生产力经济区域布局、生产力区域调整的原则、我国西部落后地区的经济发展。

第六篇为社会生产力。包括第二十五章和第二十六章。分别为社会再生产、企业组织结构。

第七篇为世界生产力。包括第二十七章，为世界生产力发展的基本特点和趋势。

二、生产力经济学的对象、性质、地位与方法

（一）什么是生产力经济学

刘方棫教授指出，生产力经济学是一门新兴的、以生产方式中的生产力及其运动规律作为研究对象的经济学科。生产力作为一种特殊的物质运动形式客观存在，有其自身的发展动因和发展规律，而且成为社会发展的决定性力量，当然应该成为科学研究的对象。

生产力经济学专门以生产力为研究对象。马克思主义生产力经济学，是一门以研究社会生产力的组成要素、关系结构、运动形式和发展规律为对象的经济科学。

生产力是人类社会中最具决定性作用的物质力量。生产力的发展，是一切社会变革的终极动因，是所有思想和各种趋向的根源，是马克思主义观察一切经济现象、经济关系时首要进行分析的因素，是划分经济发展阶段的尺度和标志。

过去的所有制改革如果离开了生产力这一基础，就不能实现理想的效果。应该从系统的观点来探讨生产要素的优化，传统经济学“人加工具”的生产力要素过于简单，现代生产力还应在生产要素

中包括“劳动对象”及多种配套的“软件”系统。

刘方棫教授指出，生产力作为物质基础，关键是数量、质量结构的优化，现代生产力经济学的实体性生产要素为“人、工具和劳动对象”。在现代生产格局中劳动对象非常重要，劳动所使用的原材料质量如何也将影响生产力水平的高低。生产力结构是否优化与协调均衡的关键在于，生产力诸要素间量上是否均衡，质上是否相容配套。

刘方棫教授指出，生产力经济学兴起，同生产力这一科学范畴在马克思主义理论体系和社会主义建设实践中的重要地位有关。生产力是人与工具两个因素的总合，是劳动者人的因素与生产资料物的因素及一切被人们用来生产产品的物质因素、物质条件与自然对象，即一切被投入生产之中的能量在运动中的结合。

生产力是马克思主义者分析一切经济现象、经济关系的物质前提。生产力及其发展状况，是改革生产关系与改革上层建筑必须把握的一条根本界线，是马克思主义政党全部理论和研究社会问题的着眼点与出发点。

生产力本身具有独立于生产关系和上层建筑之外的构成因素、内在矛盾、存在形式和发展规律。生产力总是在一定的生产关系和上层建筑的作用下发展的，不能脱离生产关系和上层建筑的制约而单独存在。大力研究生产力本身的基本要素、构成层次、结合方式及其运动规律，具有重要的理论意义和现实意义。

（二）生产力经济学研究的对象、地位和方法

刘方棫教授指出，生产力经济学的研究对象是生产方式矛盾运动中的生产力方面，考察生产中人与自然关系的运动规律。政治经

济学的研究对象是生产方式矛盾运动中的生产关系方面，考察生产中人与人相互关系的运动规律。生产力经济学是马克思主义理论经济科学中同政治经济学相并列的一门学科，同政治经济学一道，成为囊括整个应用经济科学的理论基础。

生产力经济学研究中应注意以下研究方法：

第一，坚持马克思主义的生产力系统观。生产力绝不是几个要素的简单罗列和数量之和，而是内容丰富、结构严密、相互制约、运动着的一个“整体”。必须坚持马克思主义的生产力系统观，从总体的角度予以深入研究，而不能相互割裂。

第二，坚持矛盾论的科学分析法。生产关系对生产力的适应性是生产力发展的第二位原因，第一位原因还在于生产力自身的矛盾运动，应该着重考察并解决生产力内部的各种矛盾。

第三，坚持历史唯物主义关于生产力与生产关系、经济基础与上层建筑的矛盾是人类社会发展的最基本的矛盾的观点，要联系生产关系和上层建筑研究生产力。

第四，坚持马克思主义科学抽象法、分解法和综合法。通过抽象法，把主要的、本质的、具有普遍意义的关系凸显出来，使人们能在纯粹形态上进行理论分析，概括出科学范畴，以揭示其本质属性和发展规律。并且要在此基础上，把次要的曾经舍弃了的关系再一层一层综合进去，使分析逐步扩展到各个具体方面。最后把整个社会经济运动的全过程和各种内在的关系的全貌和盘托出。

第五，要坚持在定性分析的同时，搞好定量分析，重视数学方法的应用。生产力作为一个动态功能，各要素必须在质上相适应的同时，还要在数量上成比例。生产力组合中的规模问题，更是一个量的集聚问题，直接关系生产力诸因素组织中量的配比。

刘方棫教授强调，生产力经济学的研究方法，要坚持马克思主义的生产力系统观，坚持矛盾论的科学分析法，坚持历史唯物主义关于生产力与生产关系、经济基础与上层建筑的矛盾是人类社会发展最基本的矛盾的观点，要联系生产关系和上层建筑研究生产力。要坚持马克思主义科学抽象法、分解法、综合法。在坚持定性分析的同时做好定量分析，掌握数学方法的应用。

（三）马克思主义生产力理论的发展观

刘方棫教授指出，马克思主义发展观认为，生产力发展的“第一动因”取决于其内部矛盾性，亦即劳动者和生产资料的矛盾、生产资料内部的矛盾、“人”的因素的内部矛盾、生产力实体层与非实体层之间的内部矛盾等。生产力内部矛盾的正确调整和处理，是制约生产力整体功能的条件。

人类社会发展最基本的矛盾是生产力与生产关系、经济基础与上层建筑的矛盾，生产关系与上层建筑也对生产力起推动或阻碍作用。

生产力的迅速发展是下述诸要素动力联合而合成的“合力”：一是生产力内部各要素间的矛盾，二是生产力发展的外框架，三是通过“折光”“辐射”“保障”而作用的精神动力。只要这些力量相互协调，生产力才能快速发展。

生产力是一个开放的、随着时代不断变动着的系统，由主实体要素、客实体要素、渗透性要素、媒介性要素、输导性要素与运营性要素组成。生产力不是各要素在平面个数的相加，而是要反映出内部诸要素结构上的立体性、层次性和相关性。

刘方棫教授指出，生产力不是内部各部分的简单加总，而是在质态、量态、空间态和时间态上的有序集合，从而在系统内部呈现为结构上的整体适应性、规模上的比例适度性、布局上的集散合理性、时序上的衔接紧密性。这种研究不仅使生产力理论体系内容更丰富，也有利于指导人们在实践中更加科学合理地组织社会生产力，充分发挥其内在的整体优化效益。

科学技术是第一生产力。科学是生产的先导，而且转化成为生产技术的速度日益加快，创造的经济效益越来越高。教育是生产力的主导要素，既有上层建筑的一面，又有生产力的一面。教育关系着人的素质，创造着精神、能力、文化和智慧，是决定生产发展最具战略意义的资源和要素，是社会生产力进步的决定性因素。

（四）发展社会生产力面临的难点

当时的经济历史条件下，发展社会生产力面临人口膨胀与就业压力越来越大、社会总需求与总供给存在矛盾、国民经济中经济结构的扭曲有待进一步合理调整。

当时经济决策出现问题的根源在于，决策和指导思想急于求成，片面追求增长速度而忽视经济效益问题，结果导致经济不断增温，投资和消费需求急剧膨胀，社会总供求更加失衡。政策与措施出台未能配套，时序不衔接，机会不协调，而且体制改革落后于改革实践。

刘方棫教授指出，为有效发展生产力，首先，要处理好稳定和改革、发展的关系；其次，规范和改善宏观调控机制；最后，深化企业改革，重新构造微观经济的内在机制，促进企业行为的合理化和规范化，以提高企业经济效益。

三、生产力系统及其特征

（一）生产力系统的规定性

刘方棫教授认为，生产力是一种系统力，只有在生产力各因素或子系统都组合在一起，成为相互作用的统一整体时，生产力的系统力才能发挥出来，为社会创造丰厚的物质财富。

生产力本身具有独立于生产关系、上层建筑之外的构成因素、内在矛盾、存在形式和发展规律。把生产力搞上去是无产阶级领导人民从事革命和社会主义建设实践的总目标。社会主义初级阶段最根本任务就是发展生产力，实现人民共同富裕。发展生产力是实现经济发展战略的根本途径和手段。

社会生产力的科学观是系统观，是诸因素（子系统）彼此间联系紧密、相互配合的整体观，是诸因素（子系统）在构成上分作若干层次并相互制约的立体观，是一个处于运动和变化发展的动态观，是深入探索其本质运动的规律观。

生产力系统是为实现某一功能而组合起来的总体，是经过人工调控集合人的智力、体力、物质、能量、信息于一体，具有输入（投入）与输出（产品）功能并协同动作的总体。不经过组合整合在一起，就不可能形成社会现实的生产力，而只能是自然力或潜在的生产力。

刘方棫教授指出，生产力系统是具有立体性和层次性的总系统，并不是各种组合因素在平面上的堆砌，也不是算数上的个量的加总，而是在不同层次上，含有各自功能、由诸子系统集合的系统。生产力系统是开放性系统和动态性系统，是一个可控性系统，同时又是人机一体化系统。

（二）生产力系统的组合目标与组合形态

刘方棫教授指出，生产力系统内需要质态组合结构合理化。

所谓质态组合，是指生产力诸因素在构成生产力系统时彼此在技术性质上相互适用的关联状态。这种关联是生产力系统诸因素在物质、信息、能量的转换和传递过程中不可缺少的关联方式。质态组织的目标就是确定组合结构，把生产力诸因素结合成质态完全适应、关联合理的链，以最大化地增产与节约。

质态组合可分为生产力实体内部的质态组合和生产力实体与非实体间的质态组合两大层次，具体包括人力因素之间的组合链、物力因素之间的组合链、人力因素与物力因素之间的组合链。合理的生产力要素组合结构要实现目标高效益、框架整体化、过程协调化、终点多收益化。

所谓生产力系统内的量态组合，是指生产力因素在构成生产力功能系统时，彼此在数量、比例上相互协调的状态。量态组合的基本目标就是确定怎样的组合规模，才能把生产力诸因素在数量上合理结合、配比协调，以最大化地增产与节约。

量态组合的实践形态就是讲求规模经济，使之更富有效率和效益。生产力诸因素的数量配比，大体表现为劳动者内部的人员配比、劳动资料与劳动对象等物因素间的配比、人力因素与物力因素之间的配比等三个方面。为实现量态组合的最优化，要注意大批量生产原则、“短、平、快”原则、生产能力均衡原则、专业分工与协作原则、有利于采用先进技术原则。

生产力系统内需要实现空间态组合与布局合理化。所谓空间态组合，是指生产力诸因素组合成生产力系统在空间地域上的分布与关联状态。生产力诸因素在空间组织能否优化，影响到其运作效用。

空间态组合的基本目标，就是要确定怎样的空间配置才能把生产力诸因素（子系统）结合，使之地理位置合理、点线面布局适当，以获得最大的增产和节约。空间态组合的实践形态就是讲求布局经济，善于发现生产力诸因素（子系统）在布局上的矛盾，改进和调整点线面的关系，使之更富有效率和效益。

所谓布局合理化，就是指生产实体选择的空间位置最适当，与所处环境协调运行，从而使生产力诸要素总体功能得到优化，其类型主要有专业分工型、利益指向型、投资速效型、补偿互益型、乘数效应型、空间收缩型。

刘方棫教授认为，宏观布局必须考虑总体上、战略上的合理分配和使用各种资源，正确安排固定资产投资和重点建设项目在空间上的分布。这样才有利于提高劳动生产率、提高经济效益，有利于振兴经济、生态平衡、保障国家安全。

中观产业布局的基本目的是实现和发挥区域产业优势，要对区域内的资源和建设条件予以科学评估，合理布局工农业系统、商品流通系统、交通运输网络及基础设施系统，科学确定好区内主要城市的性质、规模与职能，安排好区内环境的保护和整治。

产业布局的微观层次，是生产要素系统在企业这个层面的聚焦和组合，表现为企业的空间布局，要讲求企业选点、厂址布局与厂内布局。

要做到布局系统的协调、优化，在市场调节的同时，更要强调中央的计划调节和政策引导，充分发挥社会主义运行体制的优越性和布局政策的权威性，克服布局中的短期行为，实现总体布局的合理化。

时间态组合，包括宏观时序、中观时序和微观时序。宏观时序指国民经济一级的时序；中观时序指国民经济与企业群之间的地区和部门的发展时序；微观时序指城镇或企业群（包括企业内部）的发展时序。推进时序合理化，要终结时间和起点时间的协调、运行时限比例与运行时限链的协调、物质更新中的“新因素”与“旧因素”的更替。

刘方棫教授认为，就生产力整体组合角度而言，管理也是生产力。质态组合、量态组合、空间态组合、时间态组合，都是生产力系统内诸因素（子系统）之间依托于某一种角度的分体组合形态。这些分体组合形态，不是孤立存在的，而是相互依存的，发挥着合力的作用。质态、量态、空间态、时间态四种分体形态之间，作用并不完全是同一性的，结构的合理化不等于规模的合理化，也不等同于布局和时序的合理化。

四、生产力的结构与规模

刘方棫教授认为，社会生产力是一个系统，其发展体现在两个方面：一是提高生产力系统的组成要素素质，扩大生产物质财富的产出力；二是发挥现有生产力整体的系统功能，改善诸因素组合的结构、规模、布局、时序和社会化的管理，减少和消除组合中发生的内耗、空转、闲置、积压和摩擦等乱象，保证总体功能处于最佳状态，使生产物质财富的能力得到最有效的发挥。

发展生产力，从系统工程学的角度来看，既包括积极提高系统中各单元的素质来提高生产力水平，又包括充分运用现有的生产力整体的系统功能使之得到充分发挥。

生产力结构研究的是运用哪些生产力因素，按照怎样的组合形态，以形成富有效率和效益的投入产出链。

生产力结构包括劳动对象结构、劳动资料结构、劳动力结构、技术结构、教育结构、企业生产组织结构、企业经营规模结构与产业结构。

合理的生产力结构是一个运动着的多变的结构。对生产力结构进行调整，可以采取计划调整、政策调整和市场调整等三种方式。

刘方棫教授指出，运用产业政策可调整不合理的生产力要素组合的产业结构，但在此过程中必须注意解决以下问题：

首先，政策的制定必须立足于本国实际，以解决本国生产力发展的实际问题为目标。产业政策必须依据产业发展战略，确定自己的战略产业与主导产业。

其次，要充分借助消费需求信息的反馈衔接好供求关系，使产业结构、产品结构、生产组织结构与需求结合。

最后，要加快经济管理体制改革，解除体制上束缚生机与活力的各种弊端，建立各自经济责任制，实行党政分开、政企分开，提高经济管理水平。

五、生产力的布局与时序

生产力布局是指一定的生产力诸因素组成的经济实体在空间范围内的配置所形成的格局，反映一定生产力系统中各个组成单元在地域上的组合状态。

生产力布局包括：宏观层次的布局，即生产力的全国总体布局；中观层次的布局，即产业部门的布局和地区生产力布局；微观层次的布局，即企业的区位、厂址与厂内布局。

产业布局是指一定的生产力要素组成的经济实体在空间范围的配置所形成的格局，反映一定生产力系统中各个组成单元在地域上的组合状态。产业布局优化，就是指生产实体选择的空间位置最为恰当，与所处环境系统协调运行，从而使产业的总体功能得到最大限度的发挥。

产业布局按照空间大小，首先是宏观层次布局，基本任务是划分全国经济布局，确定产业部类在全国的总框架及战略走向，确定全国产业部署的总蓝图及其实现措施，确定全国重点产业项目的分布，确定不同经济地带的投资方向和不同时期内的发展规模。

产业布局的中观层次，是产业在特定区域即某个经济区空间范围内的分布与组合。产业中观布局的基本任务是，按照全国经济发展总目标、总战略制定和规划本区域的经济发展蓝图，确定具有本区域特点与优势的产业门类和产业结构，建立能够扬长避短的不同类型的产业基地。

产业布局的微观层次，是生产要素系统在某个生产区域或某一企业这个“点”上的聚集与组合，表现为某个区位或某个企业的空间布局。其所要回答的是如何选择与确定生产实体的区位、厂址、厂内布局的问题。

刘方棫教授指出，三者之中，宏观布局制约着中观布局，宏观布局与中观布局又制约着微观布局。但是微观布局绝不是消极被动的，而是以其自身布局优劣反馈于中观布局与宏观布局。要做到布局系统的协调与优化，就必须在市场调节的同时，更要强调中央的计划调节和政策调节，充分发挥社会主义运行体制的优越性和布局政策的权威性，克服布局中的短期行为和地方主义，实现总体布局的合理化。

任何生产力因素的组合都离不开其质和量的内容与时间、空间的运动。质、量、空间与时间，都是生产力赖以存在和发展的形式。

六、生产力系统环境

刘方棫教授指出，生产力系统的发展运动，除了内部矛盾原因，还同外部环境存在矛盾。外部环境是生产力发展的制约条件，是生产力发展的外因，同生产力的内因一起构成生产力系统的动力体系。

生产力系统大体包括自然环境、社会环境、经济环境和国际环境四大环境。自然环境主要是自然资源、自然条件、生态状况等；社会环境主要是意识形态、政权、理论、方针、政策、人口状况等；经济环境主要是生产关系、交换关系、分配关系、消费关系及其所有制关系；国际环境主要是世界生产力对一国生产力的作用影响和是否存在外向循环问题。

社会生产力是在自然环境、社会环境、经济环境以及国际环境的作用影响中向前发展的。在生产力向前发展的过程中，有的环境因素发挥了积极的作用，有的环境因素发挥了消极作用。这就需要在制定统一的社会发展战略的基础上和在合理组织生产力的系统工程中，注意协调它们之间的关系，并注意使它们成龙配套，减少内耗和摩擦。

第三节 《生产力论：邓小平经济理论的基石》中的生产力经济学学术思想

1998年，刘方棫教授主编完成《生产力论：邓小平经济理论的基石》，由江苏人民出版社出版。这是刘方棫教授又一部研究生产力经济学的力作。如果说《生产力经济学教程》是搭建了生产力经济学的框架，那么《生产力论：邓小平经济理论的基石》则是应用生产力经济学理论，与时俱进地研究邓小平经济理论，进一步发展升华了生产力经济学。

一、早期对邓小平经济理论的研究

对邓小平经济理论的研究，刘方棫教授关注较早。1997年他发表了《继承发展 博大精深——学习邓小平经济理论的几点思考》，载于《经济学动态》（1997年第5期）。该文重点从社会主义的本质、社会主义的根本任务和怎样建设社会主义，进行了全面深入的论述。

刘方棫教授强调指出，邓小平经济理论作为建设中国特色社会主义理论的重要组成部分，既是对马克思主义基本原则的坚持和继承，又是对马克思主义基本原理的创新和发展。

邓小平经济理论深刻总结了世界社会主义运动的经验教训，科学分析了我国社会主义建设的国际环境和时代特征，对我国新时期的新鲜经验进行科学概括，是在新的历史条件下，把对马克思主义的坚持继承与发展创新辩证统一起来，使马克思主义经济理论在当代中国进入了新境界，达到了新高度。

邓小平经济理论内容极其丰富，构成了完整的科学理论体系，是建设中国特色社会主义经济的根本指导思想。改革开放以来我国取得的成就，证明了邓小平经济理论的正确性和强大生命力，它是当代马克思主义政治经济学发展的阶段性最高成就，并将对人类社会的发展产生重要的影响。

对于社会主义的本质，必须划清为之奋斗的社会主义和贫穷社会主义的界限，也要划清社会主义和资本主义两种不同制度的界限，必须坚持公有制的主体地位，防止两极分化，实现共同富裕。

社会主义的根本任务，就是发展生产力，逐步摆脱贫穷，使国家富强起来，使人民生活水平得到改善。生产力本来就是马克思主义分析一切经济现象、经济关系的物质前提。生产力本身具有独立于生产关系和上层建筑之外的构成因素、内在矛盾、存在形式和发展规律，把生产力搞上去是无产阶级政党领导人民从事社会主义建设实践的"总目标"。

建设社会主义是一个严密的逻辑体系与框架。社会主义也可以搞市场经济，正是邓小平关于社会主义"也可以搞市场经济"的思想以及确立市场经济体制为我国改革目标的论述，从根本上突破了传统马克思主义的理念框架，把"半个商品经济论"推进到"社会主义市场经济论"的新高度，填补了科学社会主义发展道路的空白，谱写了科学社会主义新篇章。

刘方棫教授作为生产力经济学研究专家，出于一个学者的敏锐，较早就对邓小平经济理论进行了深入研究，并完成了相关论文。正是在前期研究的基础上，刘方棫教授对于生产力与邓小平经济理论的关系有着深入的理解和认识，指出生产力论是邓小平经济理论的基石，邓小平经济理论的实质就是促进生产力的快速发展，通过发展生产力实现共同富裕，不断提升公众生活水平。正是在前期研究的基础上，刘方棫教授主编出版了《生产力论：邓小平经济理论的基石》一书。

二、《生产力论：邓小平经济理论的基石》概况

《生产力论：邓小平经济理论的基石》一书由刘方棫教授主编，由刘方棫教授和他的几位博士研究生与硕士研究生共同完成。全书共六章，由刘方棫教授完成第一章。

在这本书中，刘方棫教授认为，应该从系统的观点来探讨生产要素的优化。过去的所有制改革，离开了生产力这一基础，所以不能达到理想的效果，导致决策上出现不少失误。

在现代的生产格局中劳动对象非常重要，原材料是经过劳动加工过的，随着二次能源与新能源的发现，劳动者所使用的原材料素质如何，将影响生产力水平的高低。

三、生产力发展观

刘方棫教授指出，生产力理论是马克思主义中最为核心的组成部分，是历史唯物主义大厦的奠基石。邓小平在总结历史经验和社

会主义实践的过程中，提出了一套以生产力发展为中心的经济思想体系，指导了改革开放实践，使社会生产力获得了巨大的发展。全面地领会和把握邓小平的生产力理论，是科学地认识和把握邓小平理论的精髓所在。邓小平生产力理论是邓小平理论的基础，是建设中国特色社会主义理论的核心，是制定发展战略的最重要理论依据。

以生产力为中心的经济思想，是中国特色社会主义理论的核心部分，是邓小平对马克思主义的科学理解和准确把握，是马克思主义唯物史观的科学复位，是对理论扭曲的拨乱反正。

马克思主义唯物史观，把生产力定位为决定社会发展的最终因素和力量，是认识一切经济现象、分析各种经济关系的物质前提。马克思创立的生产力决定生产关系并最终决定着上层建筑的唯物史观，对推进社会生产力的发展具有决定性意义。马克思的唯物史观，把社会关系分为物质关系与思想关系，物质关系、经济因素是历史发展中积极的决定性的力量。

物质资料的生产与再生产是社会一切生活的基础，经济因素是基础，政治因素不过是物质生产所要达到的利益的集中反映。生产力的变化决定着经济基础的变化，经济基础的性质和变化，又决定着上层建筑的性质和变化。不是政治的性质和发展方向决定经济的性质和发展方向，而恰恰是经济的性质和发展方向决定政治的性质和发展方向。

在一定条件下，当不变更生产关系、生产力就不能发展的时候，生产关系的变革就起了主要的决定作用。当政治文化等上层建筑阻碍着经济基础发展的时候，对于政治和文化的革新就成为主要的决定的力量。而这种决定性的力量并非是无条件的，而是在承认生产力对生产关系决定性作用的前提下，当某种情况下政治阻碍经济发展到了非变革不可的时候，矛盾的主要方面才转化到政治革新上来，而这也必须尊重历史唯物主义，即按照客观的经济发展规律办事，按照科学的自然规律办事。

刘方棫教授认为，邓小平基于对马克思主义和毛泽东思想的科学理解及准确把握，在阐发社会主义阶段的根本任务时强调指出，马克思主义最注重发展生产力，这是历史唯物主义所决定的科学命题。“生产力是推动社会发展的最终决定力量”的科学结论，生产力的发展水平及由此所决定的经济基础，是人类社会得以发展的第一性的决定力量。按照历史唯物主义观点，要表现在社会生产力的发展和人民物质文化生活的改善上。

以生产力为中心的经济思想，是邓小平从我国基本国情出发，分析我国社会主义初级阶段的主要矛盾得出的必然结论。中国开始进入社会主义的时候，生产力发展水平远远落后于发达国家，必须经历一个相当长的阶段，去实现工业化和经济的社会化、市场化、现代化。必须把集中力量发展社会生产力摆在首位，把经济建设作为全党全国工作的中心。发展是硬道理，只有它才能有效地促进各种社会矛盾的解决。

四、邓小平生产力理论的基本内容

刘方棫教授指出，生产力发展要经过两个阶段，即自然生产力阶段和社会生产力阶段。社会生产力是以社会发展起来的生产条件或生产因素为基础而形成的现代生产力。社会生产力为人类社会提供了大量剩余产品，为人类社会生产的加快发展提供了充分的物质条件和物质基础，人类社会改造和驾驭自然的能力已处于一个较高水平的历史阶段。现代生产力是社会生产力，其发展有赖于构成它的主体、客体条件及其组合因素的合理化和优化，以及组合中的分工协作水平。

社会主义的根本任务是发展生产力。邓小平说，坚持社会主义的发展方向，就要肯定社会主义的根本任务是发展生产力，逐步摆脱贫穷，使国家富强起来，使人民生活得到改善。坚持社会主义，就是要首先摆脱贫穷落后状态。邓小平多次强调，社会主义的第一个任务就是发展社会生产力。

社会主义有两条非常重要的原则，一是以公有制为主体，二是不搞两极分化。坚持这两条原则，就是坚持社会主义。坚持公有制为主体，不搞私有化，重要目的在于防止两极分化，实现共同富裕。在坚持以公有制为主体的前提下，允许和鼓励个体经济、私营经济、外资经济等非公有制经济共同发展，是我们长期坚持的根本方针。

衡量和判断姓“资”还是姓“社”，应该主要看是否有利于发展社会主义社会的生产力，是否有利于增强社会主义国家的综合国力，是否有利于提高人民的生活水平。

第四节　简要评价

刘方棫教授对生产力经济学的研究，对推动这一学科的发展发挥了重要作用。对生产力经济学的研究与对消费经济学的研究一样，是基于深厚的经济学理论功底与深入研究事关重大经济问题的家国情怀，基于内心对推动理论发展与经济发展惠及大众的责任感。

发展是硬道理。有效发展生产力是第一要务，无论是在长期的计划经济体制下还是改革开放进程中，发展生产力都是第一要务。

生产力决定生产关系，生产力经济学的产生与发展恰逢其时。正是在改革开放之后随着经济体制改革的不断深入，经济持续快速增长，生产力持续发展使公众分享了改革开放成果，但生产力仍处于较低水平，在经济社会发展过程中阻碍生产力发展的体制性、机制性诸多要素仍然存在。

在此背景下，亟须深入研究影响生产力发展的诸要素，研究生产力发展的规律，以在此基础上推动生产力获得更好的发展。尤其是“三个有利于”之一为是否有利于发展社会主义的生产力，更是为推动生产力经济学的发展奠定了理论与实践基础。

自“三个代表”重要思想被提出之后，国家对发展生产力的强调达到一个新的高度。中国共产党人要始终代表中国先进生产力的发展要求。

科学发展观的提出，要求进一步推进生产力的发展。科学发展观要求坚持以人为本，树立全面、协调、可持续的发展观，促进经济社会和人的全面发展，其前提在于生产力的极大发展，只有在生产力不断发展的基础上，才能做到统筹城乡发展、统筹区域发展、统筹经济社会发展、统筹人与自然和谐发展、统筹国内发展和对外开放。

在新时代更要进一步推动生产力的大力发展。发展生产力始终是马克思主义经济学关注的首要任务。习近平总书记在纪念马克思诞辰200周年大会上发表重要讲话时指出，“学习马克思，就要学习和实践马克思主义关于生产力和生产关系的思想”。

党的十八大之后，以习近平同志为核心的党中央形成了“四个全面”战略布局。作为“四个全面”战略布局的重要组成部分，全面深化改革上升为一项事关党和国家发展全局的重大战略，而全面深化改革的重要目的之一即解放生产力、释放生产力，不断促进生产力的发展。

习近平新时代中国特色社会主义经济思想，进一步丰富和发展了马克思主义关于生产力与生产关系的思想。习近平新时代中国特色社会主义经济思想强调坚持解放和发展社会生产力。但是在经济社会发展实践中，对于如何更有效地发展生产力，仍然存在较多的理论与实践问题需要去探讨解决。刘方棫教授在长期的教学与研究实践中，对生产力经济学投入了大量的精力予以研究，可以说在20世纪80年代后期，刘方棫教授基本以消费经济学与生产力经济学作为研究重点的两翼。

随着经济体制改革的不断推进以及生产力的不断发展，刘方棫教授与其研究生们合作完成《生产力论：邓小平经济理论的基石》一书，该书从理论上总结了邓小平生产力论，对于进一步推动经济增长与改革开放具有积极的意义。该书在系统整理马克思主义生产力观点演变的基础上，对邓小平生产力论做了全面、系统的梳理与提炼，深刻论述了生产力发展观作为邓小平理论体系核心的必然与内容。正如书中所指出的，邓小平的生产力发展观，从理论上和观念上确立了检验人们认识活动与实践活动的最根本的准绳，丰富和发展了马克思主义的生产力理论，为马克思主义的理论与实践提供了最犀利的武器。

理论源自实践，又高于实践。刘方棫教授在对生产力经济学研究的过程中，与消费经济学研究一以贯之应用其系统论思想，对于生产力经济学的创立与在实践中有效发挥生产力的作用做出了重大贡献。

可惜的是，受多种因素的影响，近年来生产力经济学的研究仍有待进一步加强。生产力经济学需要加强研究的原因固然多种多样，或许与需要加强消费经济学研究相同的原因之一是，生产力经济学主要是更多地停留在概念的分析上，未能提出一套自成系统的理论体系。而且在实践发展中，随着经济连续保持快速增长，对于生产力经济学的研究也不似改革开放之初那么迫切。生产力经济学中的有关内容，也越来越被细化到其他学科中。同样更为重要的是，缺乏相对固定的以生产力经济学为主要研究方向的学者群体，也是导致生产力经济学难以有效发展的原因之一。

在当前经济社会发展条件下，为有效解决人民日益增长的美好生活需要和不平衡不充分的发展之间的矛盾，仍要进一步大力发展生产力，而在此过程中仍有较多的深层次的理论与实践问题有待解决，尤其是在面临较多的经济社会发展的不确定性以及外部冲击时。在此情况下，生产力经济学发展仍任重道远，亟须更多的有识之士投入到生产力经济学的研究之中。

第六章 CHAPTER 6

结　语

刘方棫教授在近七十年的教学实践与理论研究中，在社会主义经济理论与实践研究的基础上，开创了消费经济学与生产力经济学。综观刘方棫教授近七十年的研究历程，突出体现了以下特点。

一、功底精深

综观刘方棫教授近七十年的学习与研究进程，在北京大学以及中国人民大学读书时期奠定的扎实功底，是他取得相关研究成果的关键所在。理论来源于实践，只有书本上的知识，并不足以更好地认识实际与进行相关研究。而刘方棫教授在广西柳州为期八个月的土地改革工作，使他深深体会到社会实际，而正是在血与火的洗礼过程中，使他在以后的研究与工作中有更深厚的家国情怀。刘方棫教授在“文化大革命”后期在国家计委从事为期两年左右的工资理论研究，也为进一步认识实践、加强研究奠定了基础。正是在扎实的经济学功底的基础上，再加上有丰富的实践调研经验，他才能取得诸多的研究成果。

在扎实掌握马克思主义经典经济学的基础上，刘方棫教授对西方经济学的相关理论并不排斥，相反认真学习、虚心接受。如在《消费经济学概论》中专门辟出一篇，全面深入考察资产阶级消费经济学的相关理论，并指出研究方法等可以借鉴、为社会主义消费经济学所用。虽然当时对西方消费经济学的态度明显带有时代的痕迹与烙印，但充分显示出了他宽容并包的胸怀与精神，正是有效地借鉴吸收西方经济学中的有关理论，才能将相关研究不断推向深入。

二、紧扣实际

刘方棫教授的研究总是紧扣实际进行，无论是“文化大革命”结束后发表的有关计划与价格、政治与经济的文章，还是后续对于消费经济学与生产力经济学的有关论述，均体现了立足于实践、紧扣实际的做法。虽然有关著述的发表与研究有先有后，但是对于相关文献的思考应该是贯穿始终。而且虽然三大块研究可以分为社会主义经济理论与实践、消费经济学与生产力经济学，而严格来讲这三部分也是一个统一的主题，即围绕经济运行中的突出问题进行研究。

正如前文所述的“一树双干”，可以将社会主义经济理论与实践的研究看作一棵大树，而消费经济学与生产力经济学是这棵大树上两根粗壮的树干。这棵理论之树紧紧扎根于大地，枝繁叶茂，焕发出勃勃生机。正是紧扣经济运行中的实际问题进行研究，才使得刘方棫教授紧扣时代的脉搏做出相应的研究。

三、思路超前

刘方棫教授在研究过程中，在紧扣实际的基础上，同时利用其扎实的经济学功底，针对经济运行中出现的一些端倪，做出了前瞻性的研究，并提出了相应的对策措施。

比如，在《90年代中国市场消费战略》中刘方棫教授对于即将爆发的消费需求膨胀导致的通货膨胀做出了精确的预见。在较早的时候，刘方棫教授就对扩大住房、轿车、公路消费做出了研究，提出了促进住房、轿车、公路三位一体的发展思路。相关研究均说明，刘方棫教授在实际研究过程中，极具预见性，超前性地做出了相关研究。

四、与时俱进

刘方棫教授在研究中与时俱进，并不局限于已有的研究与取得的成就上，而是根据不断变化发展的经济社会形势开展研究。在推行改革的过程中，刘方棫教授以一个经济学家的良知为推动经济改革鼓与呼，在经济体制改革发展的过程中出现有关可能影响改革进程思潮的时候及时予以回应或反击，以为推进经济体制改革改革取得良好的保障。

比如，在经济发展过程中随着生产要素参与分配，社会上产生了对生产要素参与分配而对劳动价值论的怀疑，刘方棫教授就及时写文章予以回应。当经济发展过程中人们对消费的作用有所质疑时，刘方棫教授就及时撰写生产与消费哪个更重要，以及消费与投资双拉动等相关文章，强调要更加发挥消费对经济发展的重大作用。

2015年，刘方棫教授在为笔者所著《居民消费研究》一书所作的序中，进一步呼吁要发挥消费的重大作用。他强调指出，推动经济可持续发展，消费有着不可替代的关键作用。序中针对有学者质疑消费重要作用的观点，指出正是最终消费决定着为何要增加资本投资，为何要进行科技和管理创新，为何要提高劳动生产率，并且再次强调，没有最终消费的持续增长以及最终消费率保持在一定的合理区间，经济可持续发展是不可能的。

五、楷模世范

刘方棫教授的道德文章足为楷模。与他接触过的人无论是同事、学生还是其他单位的同道研究者，无不认为刘方棫教授积极鼓励后进，甘为人梯。作为刘方棫教授的关门弟子，笔者深有感触。导师对笔者无论是学术还是为人方面的教诲，均让我受益终生。

仁者寿。刘方棫教授以耄耋之年，以老骥伏枥之心与深厚的家国情怀仍然关注着经济社会的发展，以及理论界的最新动态。笔者在撰写这本书的过程中，在进一步系统学习导师博大精深的学术思想体系中，深深地感受到他对理论研究孜孜以求的精神与付出。刘方棫教授在三大学术领域做出的研究尤其是对消费经济学与生产力经济学所做的开拓性工作，将随着经济社会的发展越发彰显其重要作用。

刘方棫教授自传

漫步人生路，我已迈入90岁的年华。国际大数据表明，2018年世界人均预期寿命是72—73岁，我国的人均寿命是76—77岁。我的很多同学、同事、同辈亲人包括我肝胆相照、守望相依的老伴，都相继辞世，离我而去。我称得上是一个幸运的长寿者。

其实我算不上一个健康人，而是一个患过重病、动过好几次外科手术的患者。中年时曾因阑尾炎引致肠梗阻，不得不被割去三尺多的坏死肠子。此后又得过胰腺炎和胆结石，被割去了胆囊。而难以手术的腰椎间盘突出症，更使我至今行走困难。只因为年幼时得到了父母更多的钟爱和兄姊们的特别照顾，使我有了基础较好的体质。我结婚后更得到了妻子起居上悉心的关护和照料。她作为一个职业医师，更是我健康的“保护神”，在几次患病和手术中，以她丰富的医疗知识和经验，帮助医院大夫化解了疑难，使我在“病危”后，化险为夷，转危为安。她还是我教学、科研和写作百忙中一位出色的帮手和“后勤部长”。没有家人的关爱，我不可能有现在的工作成就，更别说步入耄耋高龄了。

我亦名刘芳棫，1931年2月出生于北京市一个知识分子的家庭，双亲都是山东省蓬莱县人。父亲早年来北京求学，毕业于北平朝阳大学法律系，是一名职业律师，并短期兼任过朝阳大学讲师。由于父亲睿智善辩，他的律师生涯很红火，曾担任很多商界机构的常年法律顾问。

母亲是位识字不多的家庭妇女，随父亲来京后，先后育有七个儿女。她曾希望父亲置办些家产，留给子女。但父亲认为子女的教育和学历，比身外的资产更重要，立志要让七个子女个个上大学，都能成为有文化的人，这才是“谁人都拿不走”的永恒的身内财产。

在严父慈母的呵护下，除了我的小姐姐还年幼，五位姊兄都先后上了大学，毕业后分别成了教师、画家和工程师。

在我 15 岁那年，父亲因积劳成疾，过早地离开了人世，家境顿时冷落清贫，我面临失学的危险。为不给家人增加负担，也为了读一个更好的学校，实现亡父的夙愿，我告别了原来学费较高的那所私立中学，考入了享誉京城的北平市立第四中学读高中。高三时又选择了入大学文科的分班，重点加强了文科课程的学习。

1948 年秋从北平四中毕业后，我考入了兄姊都读过的北平辅仁大学。1948 年 8 月至 1949 年 8 月我在北平辅仁大学经济学（文学院）学习。1949 年北平解放后，国立北京大学经济系招收二年级的转学生，我凭着辅仁大学一年级的优秀肄业成绩和入学考试的好成绩，成了民主摇篮——北京大学的一名插班生。而且作为北大学生代表，幸运地参加了中华人民共和国的开国大典和天安门前的庆祝游行。

1949 年 9 月至 1952 年 8 月我在北京大学经济学（法学院）学习。大学四年中，除了在辅仁大学必修过“经济学原理”（张仲实教授）、“会计学原理”（赵锡禹教授）、“逻辑与哲学”（杜任之教授）、“中国文学与写作”（余禾九教授）等课程，在北京大学又修过或听过“政治经济学”（樊弘教授）、“统计学原理”（戴世光教授）、“国际贸易与汇兑”（姚曾荫教授）、“计划经济与国民经济计划”（罗志如教授）、“价格概论”（赵迺抟教授）、“货币银行原理”（周作仁教授）、“财政学”（严仁赓教授）、“中外经济思想发展史”（陈岱孙教授、陈振汉教授）、“新民主主义经济结构发展”（狄超白教授），还聆听过丁玲的“新中国文学发展成就”、陈绍禹（王明）的“新中国的法制建设”、陈毅的“新中国的外交成就与建设”、于光远的“马克思主义唯物论与辩证法”等大型讲座。这些课程和讲座使我在大学中获益良多。

1951 年秋，全国开展了轰轰烈烈的土地改革运动。党中央和教育部让大学生走出课堂，参加这一社会改革实践。作为北大学生，我成了广西柳州专署的土改队员。在近十个月的土地改革工作中，我访贫问苦、扎根串联、发动群众、清匪反霸，经受了激烈的阶级斗争的教育和洗礼，荣获广西土改委员会颁发的“土改模范”“甲等功臣”等奖章及纪念奖励。

土地改革运动结束后，我返回学校，又读了一些课程。毕业前夕，我光荣地加入了中国共产党。1952 年 9 月，我被中央人事部分回北京大学留校任教。

1952 年冬，北京高校院系调整，北京大学与燕京大学合并，我任政治课助教。不久，教育部请来了一批苏联专家，在中国人民大学开设马克思主义政治经济学研究生班，系统讲授政治经济学、哲学等课程。校党委决定选派我和其他几位同志，参加这个研究生班的学习和进修。1952 年 11 月至 1954 年 8 月我在中国人民大学政治经济学研究生班学习。1954 年秋，我们结业回校。北京大学校长马寅初先生亲自在他燕南园的家里接见了我们，并设火锅宴欢迎这批研究生回校任教。

1955年春，我和相爱多年的李玉华女士结婚。她当时正在天津医科大学医疗系学习，即将参加毕业前的一年实习。令我感到万分幸运和欣慰的是：一是我们婚礼举行的地点，选在北大未名湖心岛亭工会俱乐部礼堂，那里不仅庄严气派，而且风景宜人，拾级而上，曲径通幽。二是来宾的祝贺和教授的讲话，系内八位老师陈岱孙、严仁赓、陈振汉、赵迺抟、徐毓枬、樊弘、周炳琳、罗志如，都是曾给我授课的恩师，他们的到场和讲话，令我十分感动。三是北大校党委和人事部门，为照顾我和妻子能在一起生活，做了很多工作，给予了大力支持。半年后，李玉华终于调来北大校医院工作，在北京人民医院实习半年后回校，先后任放射科主任、内科副主任等职务，还被评为副主任医师。我们婚后生活、工作在一起，在北大安了一个幸福的家。

1956年5月，我被评为经济系讲师，主讲经济系和文科系的政治经济学课程。1958年，学校为加强政治课教学，将我同几位教师调入北大政治课大教研室工作。20世纪60年代初，“社会主义教育运动”开始，我又回到经济系，直到“文化大革命”后期。

1970年，北京大学招收第一届“工农兵学员”，我在即将下放劳动锻炼的大军中被留了下来，从事新的教学，与学员同吃、同住、同劳动，一起“摸、爬、滚、打”，并开设讲授“毛泽东经济著作选读”课，受到系里的嘉许和学员的欢迎。

1973—1974年，我被国家计委借调到三里河办公大楼，从事工资和分配制度改革的理论政策研究，有幸向原劳动部工资局和专家领导学习，向组内的孙尚清、何健章、桂世镛、赵履宽、夏积智、余广华等校外同志讨教，并到有关单位（如第二汽车制造厂）调研，使我在理论与实践的结合上，再学习时有了新的心得。

国家粉碎“四人帮”后，开始恢复教师职称评审。1979年5月，我被评为副教授。1985年5月被评为教授，1987年开始享受国务院特殊津贴。1989年5月，经国家学位委员会审批，我成为新一轮的博士生导师，正式招收消费经济学方向的博士研究生。

在这期间，我担任过教研室副主任、主任，为1977年“文化大革命”后第一批统考入学的本科生和以后多届研究生讲授“政治经济学（社会主义）”“社会主义经济理论与实践”和“马列主义经济原著选读研究”等课程，出版了《政治经济学》（社会主义部分）（合著，1984年出版）。

与此同时，我深感教学与生活实践发展的差距，试着开设一些实用性强的新课程如“消费经济学”“生产力经济学”，编写了《消费经济学概论》（1984年）、《生产力经济学教程》（1988年）等专著和教材，此后又出版了《消费心理和消费行为研究》（合著，1989年）、《90年代中国市场消费战略》（主编，1992年）、《马克思主义经济理论与中国社会主义》（合著，1991年）等。20世纪90年代中期，我又从事了对邓小平思想的研究，出版了《生产力论：邓小平经济理论的基石》（主编，1999年）。

这些专著和教材出版后，先后获得了北京大学优秀教材奖、优秀著作奖、北京市哲学社会科学第一届和第二届的二等奖。其中我主编的《90年代中国市场消费战略》一书获得了孙冶方1995年度优秀著作奖，北京大学改革开放三十年人文社会科学研究百项精品成果奖（2008年5月）。

这一时期我发表的一些论文也有不少获奖，如《论我国当前消费需求膨胀及治理》一文，荣获中共中央宣传部、中国社会科学院、中共中央党校联合评审和颁发的纪念中共中央第十一届三中全会十周年“入围奖”。这些奖励，对我是一种鼓励，又是一种鞭策。

随着改革开放，社会学术研讨和学术交流欣欣向荣。作为一名学术骨干，我有幸参加了众多的学术研讨和全国性学术会议，有机会向同行求教学习。学术界也给了我许多荣耀和责任，我先后担任了中国经济规律研究会常务理事、常务副会长、会长，中国生产力经济学会常务理事、副会长，中国劳动学会常务理事，中国区域科学协会常务理事，中国轻工协会理事等职务。

尽管学会活动有限，但是都给我提供了很多向社会学术界学习和求教的机会，让我结识了多位学术权威和学术泰斗，增长了见识，开阔了视野，更有幸获得香港中文大学和国外学术界邀请，多次到日本讲学交流，并在香港院校和内地院校介绍与讲授消费经济学、生产力经济学等学科的学术观点。在生产力学会工作中我受到了中央领导层的嘉许，并受到温家宝总理的接见。

在其他工作方面，我曾长期兼任《经济科学》杂志的编委、副主编与主编，阅览过来自全国上百万字的稿件，同时兼任《北京大学学报（哲学社会科学版)》临时编委，还担任过首钢改革研究所特约研究员等荣誉职务。这些都使我从更宽广的领域，汲取了不少学术精华，受益匪浅。

奉献于读者面前的介绍我的学术思想的这本书，是对我在改革开放这几十年来公开发表的论文和一些著述观点的梳理与整合，反映了我在北京大学经济学院教学岗位上的某些科研成果和心得。其中，有些是教学中讨论的疑难问题，有些是学术界的热点争论问题，更多的是在改革开放实践中一些重大现实和有待研讨的问题。这些论述今天看起来已属“老生常谈”或“还不到位”，不少见解也还有待推敲。但这些论述却真实地体现了我在经济学学习和从教历程中的若干求索的心得，是我在退休之前发表过的学术思想和论点的汇集梳理与整合，主要是想通过这一归纳和介绍讨教于学术理论界的同人和后起“更胜于蓝”的青年学者，求得切磋和指正，同时也是把它作为“活到老，学到老”的“充电器”，激励和鞭策自己“老有所为”，继续耕耘不辍。

1999 年 10 月，我正式退休。进入 21 世纪之后，我退休之后又过了 20 年。感谢我退休前最后两年招收的博士生李振明、刘社建、盛和泰、李春荣、易建华、郭研，以及硕士生张少龙、王立新、于小东等同学，在我九十岁时为出版《刘方棫学术思想评传》所做的梳理、写作等诸多付出，同时感谢北京大学出版社的大力支持，使本书顺利付梓。这里要特别感谢在上海工作的刘社建同学，他在百忙中付出了很多的努力，用宝贵时间为本书的写作执笔泼墨，为本书的出版做了突出的贡献。

还要感谢中国人民大学校长刘伟教授和来自中国人民大学的博士后郑超愚教授，他们给了我深感欣慰的鼓励与诸多关怀，在此一并致谢。

主要参考文献

1. 刘方棫:《消费经济学概论》。贵阳：贵州人民出版社 1984 年版。
2. 刘方棫主编:《生产力经济教程》。北京：北京大学出版社 1988 年版。
3. 刘方棫、杨圣明主编:《90 年代中国市场消费战略》。北京：北京大学出版社 1994 年版。
4. 刘方棫:《刘方棫选集》。太原：山西经济出版社 1998 年版。
5. 刘方棫主编:《生产力论：邓小平经济理论的基石》。南京：江苏人民出版社 1998 年版。
6. 刘方棫:《消费：拉动经济增长的引擎》。北京：北京大学出版社 2005 年版。

后　记

1998年9月至2001年7月，我有幸跟刘方棫师在职攻读博士学位。博士毕业后我即辞职到上海求学工作，失去诸多当面聆听老师教诲的机会。2019年3月，师母驾鹤西去。老师师母鹣鲽情深，相知相守七十余载。老师送别师母时的告别话语，至今让我思之泪奔。

回上海后我希望为老师做点事情，经考虑决定为老师写一本学术思想传记。经老师大公子刘维兄征得老师同意，我即着手搜集资料。但由于多种原因耽搁，直到2020年年初疫情肆虐之际方能静心写作。虽然传记未能赶得上老师九十大寿前出版，但作为迟到的祝寿礼物亦有其作用，或许更为重要的是系统梳理了老师的学术思想，以期对后人有所启迪。

感谢中国人民大学校长刘伟教授做序。感谢师姐郭妍为此书的奔走付出。感谢师兄郑超愚、李振明、李庆丰、易建华、汤汇浩等的支持。感谢北京大学出版社编辑兰慧老师的辛勤工作。老师聪慧可爱的孙女刘润佳充当了我和老师间的信使，我和老师有关书稿的沟通主要通过她来进行，对她的付出一并致谢！

本书出版经费由数位同门共同集资，特此说明。

刚到上海时我曾写过一篇老师学术思想的文章，这次写学术传记是再一次系统深入学习老师学术思想的过程，作为学生受益匪浅。当然对于书中可能存在的问题，个人承担全部责任。

刘社建

2021年3月